블록 코딩으로 쉽게 배우는 인공지능

인공지능,
엔트리를 만나다

홍지연 지음

YoungJin.com **Y.**
영진닷컴

✦ 블록 코딩으로 쉽게 배우는 인공지능 ✦

인공지능,
엔트리를 만나다

ISBN 978-89-314-6324-8

독자님의 의견을 받습니다.
이 책을 구입한 독자님은 영진닷컴의 가장 중요한 비평가이자 조언가입니다. 저희 책의 장점과 문제점이 무엇인지, 어떤 책이 출판되기를 바라는지, 책을 더욱 알차게 꾸밀 수 있는 아이디어가 있으면 팩스나 이메일, 또는 우편으로 연락주시기 바랍니다. 의견을 주실 때에는 책 제목 및 독자님의 성함과 연락처(전화번호나 이메일)를 꼭 남겨 주시기 바랍니다. 독자님의 의견에 대해 바로 답변을 드리고, 또 독자님의 의견을 다음 책에 충분히 반영하도록 늘 노력 하겠습니다.

주 소 : (우)08507 서울특별시 금천구 가산디지털1로 128 STX-V 타워 4층 401호
이메일 : support@youngjin.com

파본이나 잘못된 도서는 구입하신 곳에서 교환해 드립니다.

STAFF
저자 홍지연 | **총괄** 김태경 | **기획** 최윤정 | **디자인·편집** 김소연 | **영업** 박준용, 임용수, 김도현
마케팅 이승희, 김근주, 조민영, 김예진, 이은정 | **제작** 황장협 | **인쇄** 제이엠

머리말

지능정보기술이란 인간의 고차원적 정보처리를 ICT를 통해 구현하는 기술로, 인공지능으로 구현되는 '지능'과 데이터, 네트워크 기술에 기반한 '정보'가 결합된 형태입니다. 지능정보기술은 과거에는 기계가 진입하지 못한 다양한 산업 분야에 기계가 진입하여 생산성을 높이고 산업구조의 대대적인 변화를 촉발함에 따라 경제, 사회 전반의 혁명적 변화를 초래하고 있습니다. 특히 인공지능 기술에 기반한 지능정보사회에서는 산업 시대에 필요로 했던 3R's(읽기, 쓰기, 셈하기)에 더하여 컴퓨팅 능력을 기본 역량을 요구하고 있고, 인공지능을 활용할 수 있는 인재를 필요로 하기 때문에 인공지능 교육은 이제 전 세계적으로 선택이 아닌 필수가 되었습니다. 특히 우리나라의 경우 정보교육 종합계획이 발표되면서 초등학교 1학년부터 인공지능을 필두로 하는 정보교육이 체계적으로 시작된다고 합니다.

정보교육 종합계획에 따르면 초등학교는 놀이와 체험 중심의 인공지능 교육을, 중학교와 고등학교는 원리 이해를 통한 실생활 적용 중심의 인공지능 교육이 시작됩니다. 특히 초등학교에서의 인공지능 교육은 인공지능 소양을 키워 주기 위한 것으로 쉽고 재미있어야 합니다. 이를 위해 〈인공지능, 언플러그드를 만나다〉 책을 출간하게 되었고, 많은 분들로부터 인공지능 교육의 시작을 어려운 기술 체험이 아닌 놀이를 통해 접근할 수 있어 좋았다는 격려와 응원의 메시지를 받았습니다. 그리고 놀이를 통해 SW 교육의 개념과 원리를 익혔다면, 이와 관련된 컴퓨팅 활동으로 나아가는 그다음을 준비해야 하기에 이에 대한 작은 해답을 제시하고자 다양한 AI 학습 도구로 쉽게 배우는 〈인공지능, 스크래치를 만나다〉 편을 준비하였습니다.

다양한 AI 학습 도구로 인공지능의 다양한 면을 체험했다면, 그다음은 어떤 교육으로 나아가야 할까요? 결국 인공지능 시대에 우리 인간의 삶에 도움을 주고 변화를 이끌어내는 것은 인공지능의 기술을 활용해 만든 소프트웨어입니다. 따라서 〈인공지능, 엔트리를 만나다〉 편은 보다 깊게 인공지능 기술을 활용한 소프트웨어, 즉 프로그램을 만들어 볼 수 있도록 함으로써 인공지능 활용 SW 교육까지 나아가고자 합니다. 소프트웨어 교육이 코딩을 통해 내 생각을 현실로 구현하는 것이었다면, 인공지능을 활용한 소프트웨어 교육은 인공지능의 기술과 코딩을 통해 상상을 실제로 만들어내는 것이라 할 수 있습니다. 또한, 소프트웨어 교육에서의 컴퓨터가 사용자의 명령에 따라 움직이며 사용자 대신 일을 처리해 주는 기계였다면, 인공지능 교육에서의 컴퓨터는 사용자의 명령을 뛰어넘어 스스로 공부하고, 더 똑똑하게 판단하여 사용자 대신 일을 처리해 주는 기계라 할 수 있습니다.

그렇다면 〈인공지능, 엔트리를 만나다〉 편에서 우리 학생들은 어떤 경험을 할 수 있을까요? 인공지능의 사물 인식 기술을 활용해 시각장애인의 보행을 도와주는 프로그램을 만들어 볼 수 있습니다. 누군가에게는 꼭 필요한, 세상의 빛이 되어 주는 따뜻한 기술을 현실로 구현할 수 있는 것입니다. 또한, 내 얼굴의 표정을 통해 내 마음을 알아주는 인공지능 친구도 만들어 볼 수 있습니다. 얼굴의 각 지표가 보여 주는 특성들의 결과를 종합해 감정을 추론하는 인공지능은 앞으로 반려동물이나 식물 대신 우리 인간 옆에서 삶의 동반자로서의 역할을 톡톡히 해낼 것입니다. 음성을 듣고 어떤 의미인지를 판단해 퀴즈의 정답 유무를 알려 주거나 목소리만으로 오브젝트를 제어할 수 있는 프로그램을 통해 음성인식 기술이 우리 생활에 어떤 영향을 미치는지도 쉽게 체험할 수 있습니다.

그렇다면 인공지능이 이렇게 똑똑해질 수 있었던 까닭은 무엇일까요? 바로 빅데이터 시대에 쏟아지는 수많은 데이터를 통해 공부했기 때문입니다. 따라서 인공지능 교육에 있어 데이터에 대한 공부 역시 빠질 수 없습니다. 이에 〈인공지능, 엔트리를 만나다〉 편의 후반부는 데이터 리터러시를 키울 수 있는 데이터 분석 블록을 활용한 프로그래밍을 준비하였습니다. 스마트폰 1일 평균 이용횟수 등과 같은 데이터를 가져와 분석하고, 처리하여 시각화함으로써 사용자가 스마트폰 중독인지 아닌지를 판단하는 프로그램을 만들어 볼 수 있습니다. 또한, 월별 미세먼지 농도와 관련된 데이터, 기온 데이터 등을 활용해 계절별 여행지를 추천하거나 감염병 확진자, 사망자 등의 데이터를 분석해 감염병 추이를 알아보고 예방하는 프로그램도 만들어 볼 수 있습니다.

이 밖에도 음성으로 인식한 문장을 자동으로 원하는 언어로 바꿔 주는 AI 번역가 프로그램, 얼굴 인식을 통해 출석 여부가 자동으로 기록되는 AI 얼굴 출석부 프로그램 등 일상생활 속에서 편리하게 활용할 수 있는 다양한 AI 예시 프로그램을 직접 만들어 보도록 하였습니다. 인공지능 교육에서 비싼 교구나 도구는 필요하지 않습니다. 무료로 소프트웨어 교육을 경험할 수 있었던 블록형 프로그래밍 언어인 엔트리를 통해 이제는 인공지능 교육까지도 쉽고 재미있게 경험할 수 있습니다. 책에서 소개하는 다양한 AI 프로그램을 가족과 함께 또는 친구와 함께 하나씩 따라 하다 보면 어느새 인공지능에 대해 훨씬 친숙하게 느끼고 학습할 수 있게 됩니다.

미래 교육은 결코 어렵거나 멀리 있는 것이 아닙니다. 세상이 어떻게 바뀌고 있는지 그 움직임에 귀 기울이며 쉽고 재미있게 할 수 있는 수준에서 조금씩 해나가면 됩니다. 처음부터 어렵게 힘들게 가지 않아도 좋습니다. 다양한 경험과 체험을 통해 인공지능 소양을 조금씩 늘려가다 보면 어느샌가 실력이 조금씩 쌓여가는 것을 느낄 수 있을 것입니다. 놀이로 시작해 다양한 AI 도구로 인공지능 세상을 엿보고, 나아가 이렇게 엔트리를 통해 인공지능 시대에 필요한 소프트웨어를 만들어 보는 경험은 우리 학생들을 스마트한 지능뿐 아니라 삶을 즐길 줄 아는 인생의 주인공으로 만들 수 있을 거라 생각합니다. 이 한 권의 책이 우리 아이들의 즐거움과 배움에 작은 보탬이 되기를 오늘 또 희망해 봅니다.

저자 **홍지연**

초등학교 교사
한국교원대학교 대학원 초등 컴퓨터 교육 박사 수료

저서

언플러그드 놀이 시리즈 영진닷컴

즐거운 메이커 놀이 활동 시리즈 영진닷컴

학교 수업이 즐거워지는
엔트리 코딩 영진닷컴

알버트 AI로봇과 함께하는
즐거운 엔트리 코딩 [카드 코딩] 영진닷컴

인공지능을 만나다 시리즈 영진닷컴

○ WHY? 코딩 워크북 예림당
○ 코딩과학동화 시리즈 〈팜〉 지하농장편. 하늘농장편 길벗
○ 소프트웨어 수업백과 상상박물관
○ HELLO! EBS 소프트웨어 EBS 외 다수

인공지능 교육 어떻게 시작할까요?

❶ 초등학교에서도 인공지능 교육이 가능할까요?

가능합니다. 또한 필요하다고 생각합니다. 이미 우리 아이들의 생활 속에 인공지능은 깊숙이 들어와 있습니다. 매일 아침 마주하는 AI 스피커가 인공지능 기술을 바탕으로 만들어졌음을 알고 사용할 때 더 적절하게 사용할 수 있을 뿐 아니라, 어떤 점이 개선되어야 하는지도 생각해 볼 수 있습니다. 단, 여기서 말하는 인공지능 교육은 어른들에게도 어려운 인공지능 학문에 대한 수준 높은 접근을 말하는 것이 아닙니다. 생활 속에 인공지능 기술이 어떻게 녹아 있는지 알고, 세상이 어떻게 변해가고 있는지에 대한 민감성과 미래 사회에 대한 통찰을 키워갈 수 있는 소양을 가질 수 있도록 하는 인공지능 교육을 의미합니다.

❷ 인공지능 책을 시리즈로 만든 이유는 무엇인가요?

〈인공지능, 언플러그드를 만나다〉는 인공지능 교육을 처음 접하는 학생들 또는 어린 학습자들을 위한 입문서라고 할 수 있습니다. 인공지능의 개념과 원리를 놀이를 통해 접근하기 때문에 누구나 쉽게 즐기며 학습할 수 있습니다. 하지만 놀이가 놀이로서 끝나면 그 교육적 효과가 지속되기 어렵습니다. 놀이에서 배운 다양한 개념과 원리를 직접 체험해 볼 수 있는 그다음 단계의 교육이 필요합니다. 그래서 다양한 AI 학습 도구를 활용한 〈인공지능, 스크래치를 만나다〉를 통해 보다 넓고 다양한 인공지능의 세계를 경험할 수 있도록 시리즈 책을 기획하였습니다. 그리고 그다음 편인 〈인공지능, 엔트리를 만나다〉에서는 보다 깊게 인공지능 기술을 활용한 프로그램을 만들어 볼 수 있도록 함으로써 인공지능 활용 SW 교육까지 나아가고자 합니다. 재미있는 놀이로 시작한 인공지능 교육이 다양한 체험과 경험을 거쳐 자신만의 인공지능 프로그램을 만들어 볼 수 있는 인재로 나아가는 각 단계에 필요한 교육을 각각의 책으로 묶게 된 것입니다.

❸ 미래 사회에 대비한 교육 환경을 만들어 주세요!

AI, 빅데이터, IoT, 로봇, 3D 프린터 등 4차 산업혁명 시대의 최첨단 기술의 발전은 우리의 일상생활은 물론 사회, 문화, 정치, 경제, 교육 등 모든 것을 바꿔 놓고 있습니다. 이렇게 급변하는 시대에 우리 아이들이 갖춰야 할 사고력 중 하나가 바로 컴퓨팅 사고력이며, 이 책에서 말하고자 하는 인공지능 소양 역시 우리 아이들을 미래의 인재로 키워 주는 역량이라 말할 수 있습

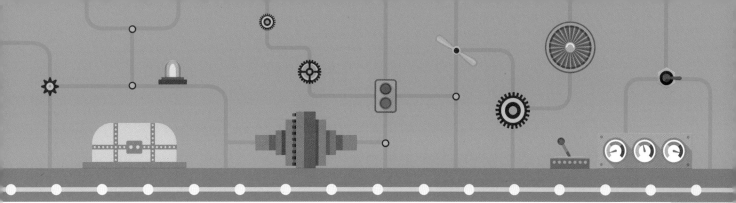

니다. 하지만 이런 미래 사회에 대비한 교육이라고 해서 굉장히 대단한 무언가가 있는 것이 아닙니다. 미래 교육은 말 그대로 우리 아이들이 스스로 생각할 수 있는, 그래서 무엇인가 자신만의 새로운 것을 만들 수 있는 능력을 키우는 교육입니다. 따라서 우리 아이들의 생활이 곧 교육이고, 환경이 곧 역량이 됩니다. 손 닿을 곳에 항상 책을 가까이 두는 것. 무엇이라도 스스로 만들어 볼 수 있는 공간이 있도록 하는 것. 모르는 것이 있을 때 즉시 주변의 도움 또는 컴퓨터의 도움을 받아 지식을 습득할 수 있도록 하는 것. 아이의 상상력을 끊임없이 지지해 주는 것... 바로 이런 노력, 이런 환경이 필요합니다. 여기에 한발 더 나아가기 위해 체계적으로 공부할 수 있는 소프트웨어 교육이나 인공지능 교육 관련 책 한 권 선물해 보면 어떨까요? 이런 작은 출발에서부터 시작해 보세요.

❹ 이것만은 주의해 주세요!

여기에 소개된 인공지능 프로그램을 따라 하는 것만으로도 인공지능이 어떤 원리에 의해 학습하는지, 우리 생활에 어떤 영향을 미칠 수 있는지 생각해 볼 수 있습니다. 하지만 단순히 따라 하기만 하고 끝내기보다 나만의 아이디어를 더해 새로운 프로그램으로 만들어 보려는 노력이 필요합니다. 자신의 생각을 만들고, 그 생각을 현실로 만들기 위해 코드를 수정하는 과정에서 문제해결력은 물론 창의적 사고력 또한 키울 수 있는 것입니다. 따라서 각 챕터마다 제시된 기본 프로그램을 다 완성한 후 반드시 〈나만의 인공지능 프로그램〉 만들기를 실습하거나 앞에서 따라 하며 알게 된 기능들을 활용해 새로운 인공지능 프로그램을 탄생시켜 보도록 합니다.

❺ 혼자서도 할 수 있는 인공지능 교육 정보

이숲 https://www.ebssw.kr/

이숲은 EBS SW 교육 플랫폼(EBS Software Learning Platform)의 약자로 SW에 관심 있는 분들이라면 누구나 시간과 장소에 구애 받지 않고 수준별 맞춤형 자기주도 학습을 할 수 있도록 지원하는 전국민 무료 SW 교육 온라인 플랫폼입니다. 최근에는 인공지능과 관련된 다양한 강좌가 개설되어 서비스되고 있습니다. 인공지능에 대해 기초부터 차근차근 배워 보고 싶다면 이숲에서 원하는 강좌를 수강신청해 보는 것도 좋습니다.

클래스팅 AI https://edtech.classting.com/

클래스팅 AI는 교육 빅데이터와 인공지능 기술로 개별화 교육을 구현할 수 있도록 도와주는 서비스입니다. 데이터 분석을 통한 맞춤형 진단평가, 교사용 학습 결과 리포트 제공, 핵심 개념별 동영상 보충 학습, 매일 업데이트되는 오늘의 AI 추천 문제 등 원격수업의 중요성이 대두되고 있는 요즘 학교에서 또는 개별로 서비스 받을 수 있습니다.

지니블록 https://genieblock.kt.co.kr/

지니 블록은 '인공 지능', '사물 인터넷', '빅데이터' 등 세상의 기술들을 쉽게 학습하고 구현할 수 있는 소프트웨어 코딩 교육 플랫폼입니다. 특히 내 아이디어를 블록 코딩하여 설계하고 AI MAKERS KIT를 사용하여 실제 환경에서 대화하고 동작을 구현할 수 있어 최첨단 기술을 손쉽게 체험해 볼 수 있습니다.

목차

SECTION 01

나도 AI 번역 전문가!　　　　　　　　12

AI 프로그램을 만들어요!

나만의 AI 번역 프로그램을 만들어요!

읽을거리 사람보다 뛰어난 AI 번역!

SECTION 02

시각장애인의 눈이 되어요!　　　　　　22

AI 프로그램을 만들어요!

나만의 AI 사물 인식 프로그램을 만들어요!

읽을거리 장애인을 위한 AI

SECTION 03

내 마음을 알아주는 AI 친구　　　　　　31

AI 프로그램을 만들어요!

나만의 AI 감정 인식 프로그램을 만들어요!

읽을거리 AI와 친구해요!

SECTION 04

가면무도회에 가요!　　　　　　　　　42

AI 프로그램을 만들어요!

나만의 AI 가면무도회 프로그램을 만들어요!

읽을거리 인공지능 기술로 증강현실을 구현해요!

SECTION 05

도전! AI 골든벨! 56

AI 프로그램을 만들어요!

나만의 도전! AI 골든벨 프로그램을 만들어요!

읽을거리 놀라운 음성 인식의 세계로 떠나요!

SECTION 06

우리 가족이 맞나요? 69

AI 프로그램을 만들어요!

나만의 우리 가족 판별 프로그램을 만들어요!

읽을거리 AI로 범인도 쉽게 잡아요!

SECTION 07

얼굴로 출석 체크해요! 83

AI 프로그램을 만들어요!

나만의 얼굴 출석부를 만들어요!

읽을거리 텍스트 모델, 음성 모델도 만들어요!

SECTION 08

내가 스마트폰 중독자? 99

데이터 활용 프로그램을 만들어요!

나만의 스마트폰 중독 자가진단 프로그램을 만들어요!

읽을거리 최초의 데이터 분석가, 나이팅게일

SECTION 09 블로그 분석으로 트렌드를 읽어요!　　113

데이터 활용 프로그램을 만들어요!

장면3 코드를 추가해 프로그램을 완성해요!

읽을거리 데이터로 세상을 읽어요!

SECTION 10 여행지를 추천해줘!　　129

데이터 활용 프로그램을 만들어요!

나만의 여행 도우미 프로그램을 완성해요!

읽을거리 여행자를 위한 데이터, 어디에 있을까?

SECTION 11 감염병을 예방해요!　　145

데이터 활용 프로그램을 만들어요!

나만의 감염병 예방 프로그램을 완성해요!

읽을거리 세상의 빛이 되는 공공데이터

SECTION 12 우리나라에 이렇게 많은 학교가!　　162

데이터 활용 프로그램을 만들어요!

나만의 학교알리미 프로그램을 완성해요!

읽을거리 학교알리미 서비스를 아시나요?

나도 AI 번역 전문가!

엔트리의 인공지능 블록을 살펴보고, 번역 및 읽어주기 블록을 활용해
AI 번역 프로그램을 만들어요.

수업 길잡이

난이도 ★★★☆☆
소요시간 20분 이상
학습영역 인공지능과
우리 생활
준비물 PC 또는 노트북,
사이트 주소 알기
(https://playentry.org/)

AI 프로그래밍을 준비해요!

활동 목표
AI 블록을 살펴보고 간단한
AI 번역 프로그램 만들기

활동 약속
스스로 코드를 작성하고 심화 활동 시
나만의 아이디어 내기

성취기준을 달성해요!

수업 활동

[6실04-10] 자료를 입력하고 필요한 처리를
수행한 후 결과를 출력하는 단순한 프로그램을
설계한다.

K11-12 : 인공지능이 많은 소프트웨어 및
물리적 시스템을 어떻게 운영하는지 설명한다.
(K12 CSS)

이 놀이는

AI 소양

엔트리의 인공지능 블록을 살펴보고 그중에서 [번역]과 [읽어주기] 블록을 활용해 간단한 AI 번역기 프
로그램을 만들어 보는 활동입니다. 이를 통해 인공지능 기술을 활용해 우리 생활에 도움을 주는 프로
그램을 만들 수 있음을 알 수 있습니다.

❶ 〈인공지능〉 카테고리를 클릭한 후 [인공지능 블록 불러오기] 버튼을 누릅니다.

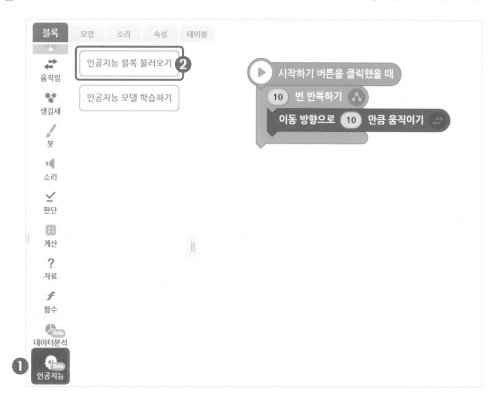

❷ 인공지능 블록에는 현재 번역, 비디오 감지, 오디오 감지, 읽어주기가 있습니다.

❶ **번역** : 파파고를 이용하여 다른 언어로 번역할 수 있는 블록 모음입니다.

❷ **비디오 감지** : 카메라를 이용하여 사람(신체), 얼굴, 사물 등을 인식하는 블록들의 모음입니다.

❸ **오디오 감지** : 마이크를 이용하여 소리와 음성을 감지할 수 있는 블록 모음입니다.

❹ **읽어주기** : nVoice 음성 합성 기술로 다양한 목소리로 문장을 읽는 블록 모음입니다.

❸ [번역]을 선택한 후 [추가] 버튼을 클릭합니다.

❹ '엔트리봇' 오브젝트를 선택한 상태에서 [×] 버튼을 눌러 오브젝트를 삭제하고, [+] 버튼을 눌러 새로운 오브젝트를 추가합니다.

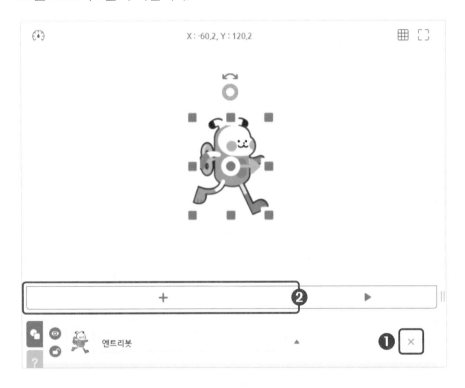

⑤ 오브젝트 선택에서 〈사람〉을 선택하고 '선생님(2)'를 클릭한 후 [추가] 버튼을 누릅니다.

⑥ 다시 오브젝트 선택에서 〈배경〉을 선택하고 '도서관'을 클릭한 후 [추가] 버튼을 누릅니다.

❼ '선생님(2)' 오브젝트의 위치를 (0, 0)에서 (-90, -40)으로 바꾸고, 크기 역시 '100'에서 '140'으로 변경합니다.

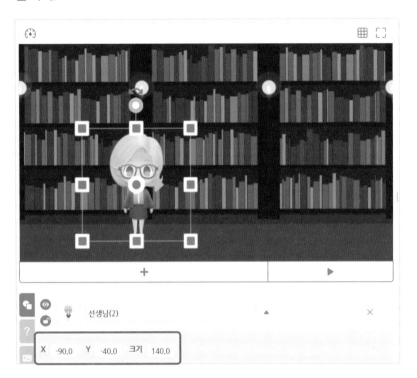

❽ '선생님(2)' 오브젝트를 선택한 상태에서 [시작하기 버튼을 클릭했을 때] 블록 아래에 다음과 같이 코드를 작성합니다.

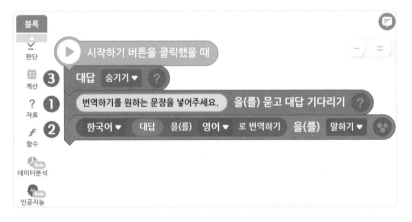

❶ 〈자료〉의 [(안녕)을 묻고 대답 기다리기]를 연결한 후 (안녕) 대신에 (번역하기를 원하는 문장을 넣어주세요.)를 입력합니다.

❷ 〈생김새〉의 [(안녕)을 말하기]를 연결한 후 (안녕) 대신에 〈인공지능〉-〈번역〉의 [한국어 (엔트리)를 영어로 번역하기]를 넣습니다. 그리고 (엔트리) 대신에 〈자료〉의 [대답] 블록을 넣습니다.

❸ 〈자료〉의 [대답 숨기기] 블록을 가져와 [시작하기 버튼을 클릭했을 때] 아래에 넣습니다.

❾ [실행하기] 버튼을 눌러 AI 번역 프로그램이 잘 만들어졌는지 확인합니다. 예를 들어 "안녕하세요? 제 이름은 홍지연입니다."를 입력해 보세요.

❿ 번역된 문장을 실행화면에서 확인할 수 있습니다.

⓫ 번역한 문장을 음성으로 읽어주는 AI 프로그램으로 업데이트하기 위해 〈인공지능〉 카테고리의 [인공지능 블록 불러오기]에서 [읽어주기]를 선택한 후 [추가] 버튼을 클릭합니다.

⓬ 〈인공지능〉-〈읽어주기〉의 [(엔트리) 읽어주기] 블록을 가져와 이전에 완성한 코드 아래에 연결하고, (엔트리) 대신에 [한국어 (대답)을 영어로 번역하기] 블록을 넣어 줍니다.

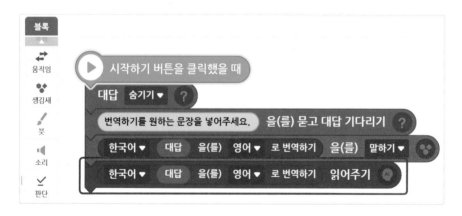

⓭ [실행하기] 버튼을 눌러 AI 번역 음성지원 프로그램이 잘 만들어졌는지 확인합니다. 예를 들어 "만나서 반갑습니다."를 입력해 보세요.

⓮ 번역된 문장은 실행화면에서 확인할 수 있으며 번역된 문장을 직접 음성으로도 들을 수 있습니다.

① 자기소개서를 영어로 번역해 주는 프로그램을 만들어 봅시다.

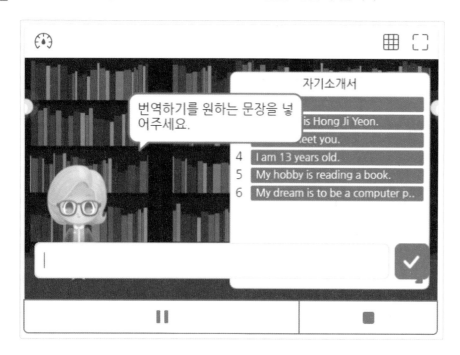

② 아래 예시 코드를 참고하여 나만의 AI 번역 프로그램을 완성해 보세요.

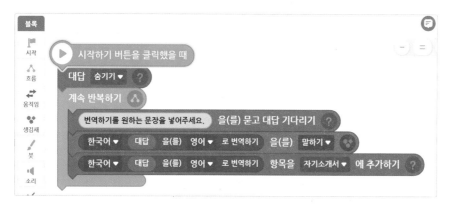

★ 참고하세요 ★

〈속성〉에서 리스트를 추가해요!
혼자 작품 만들기가 어려운 친구들은
예시 작품 링크를 참고해요!

http://naver.me/FuijWXME

사람보다 뛰어난 AI 번역!

영어를 몰라도 미국인과 자연스럽게 이야기하고, 중국어를 몰라도 중국 사람과 유창하게 이야기할 수 있다면 얼마나 좋을까요? 인공지능 번역기 또는 인공지능 통역기만 있다면 불가능한 일이 아닙니다. 마이크로소프트사는 몇 년 전 인공지능 신경망 기반 번역 서비스를 공개했습니다. 인공 신경망은 인간의 두뇌와 비슷한 방식으로 여러 가지 정보를 처리하는 알고리즘을 말하지요. 쉽게 말해 인공지능 기술을 활용해 좀 더 자연스럽게 번역을 해주는 서비스를 시작했다는 말입니다. 여러분이 잘 알고 있는 구글 역시 이미 한국어를 포함한 8개의 언어 조합에 구글 신경망 기계 번역 기술을 적용한 번역기를 선보였습니다. 우리나라에서는 네이버의 파파고가 대표적인 번역 서비스 입니다. 파파고 역시 인공신경망 번역 기술이 적용되었으며 특히 구글이나 MS보다는 한국어 데이터가 많아 한국 관용어 번역과 한국어 기반의 일상적인 대화를 번역할 때 좀 더 자연스럽다는 평을 받고 있습니다.

번역기는 아니지만, 번역 기능을 탑재해 생활 속에서 유용하게 쓰이는 서비스도 있습니다. 구글은 사용자의 편의를 높이기 위한 여행 후기 자동 번역 기능을 선보였습니다. 구글 지도와 검색 결과에 보이는 후기 모두 자신의 언어로 볼 수 있습니다. 번역물 바로 아래 원문도 표시되므로 혹시 있을지도 모르는 번역 오류도 피할 수 있습니다. 구글 번역 앱 '워드 렌즈'와 네이버 파파고의 '즉석카메라 번역 기능'은 카메라로 글자를 비추면 화면에 바로 번역된 형태의 이미지로 보여 줍니다. 워드 렌즈는 언어 팩을 기반으로 동작하기 때문에 인터넷 등 통신시설이 잘 구축되지 않은 국가에서도 자유롭게 쓸 수 있다는 장점이 있습니다. 자, 어떤가요? 이제는 그 나라의 언어를 몰라도 자유롭게 여행하며 그 나라 사람들과 소통하는 일이 어렵지 않겠죠? AI 번역기, AI 통역기만 있다면 말이에요!

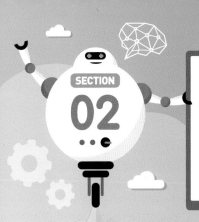

SECTION 02

시각장애인의 눈이 되어요!

엔트리의 비디오 감지 블록을 살펴보고, 시각장애인의 눈이 되어 사물을 구분하는
AI 사물 인식 프로그램을 만들어요.

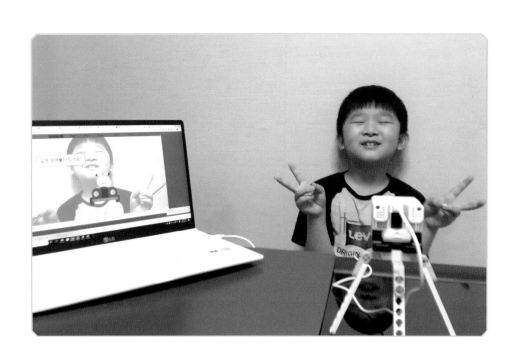

수업 길잡이

난이도 ★★★☆☆
소요시간 20분 이상
학습영역 인공지능/
사물 인식
준비물 PC 또는 노트북,
사이트 주소 알기
(https://playentry.org/)

AI 프로그래밍을 준비해요!

활동 목표

비디오 감지 블록을 살펴보고
AI 사물 인식 프로그램 만들기

활동 약속

인공지능이 시각장애인에게
어떤 도움이 되는지 살펴보기

성취기준을 달성해요!

수업 활동

[6실04-07] 소프트웨어가 적용된 사례를
찾아보고 우리 생활에 미치는 영향을
이해한다.

K11-12 : 인공지능이 많은 소프트웨어 및
물리적 시스템을 어떻게 운영하는지 설명한다.
(K12 CSS)

이 놀이는

사물 인식

엔트리의 인공지능 블록 중 [비디오 감지]와 [읽어주기] 블록을 활용해 시각장애인을 위한 AI 사물 인식 프로그램을 만들어 보는 활동입니다. 인공지능의 사물 인식 기술을 활용해 사회에 도움이 되거나 몸이 불편한 사람에게 도움을 주는 프로그램을 만들 수 있음을 알 수 있습니다.

❶ 〈인공지능〉의 [인공지능 블록 불러오기]에서 [비디오 감지]를 선택한 후 [추가] 버튼을 클릭합니다. 비디오 감지 블록이 제대로 작동하기 위해서는 카메라가 내장되어 있는 노트북을 사용하거나 웹캠이 연결된 PC를 사용해야 합니다.

❷ 비디오 감지 블록을 로딩 중이라는 메시지가 나타납니다. 최대 1분까지 걸릴 수 있으니 기다립니다.

❸ '엔트리봇' 오브젝트를 선택한 상태에서 [X] 버튼을 눌러 오브젝트를 삭제하고, [+] 버튼을 눌러 새로운 오브젝트를 추가합니다.

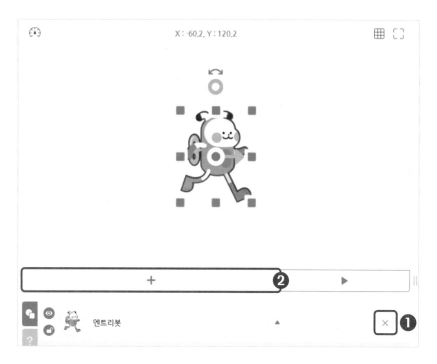

❹ 오브젝트 선택에서 〈엔트리봇〉을 선택하고 '자동차 탄 엔트리봇'을 클릭한 후 [추가] 버튼을 누릅니다.

⑤ '자동차 탄 엔트리봇' 오브젝트의 위치를 (0, 0)에서 (0, −40)으로 바꾸고, 크기 역시 '100'에서 '130' 으로 변경합니다.

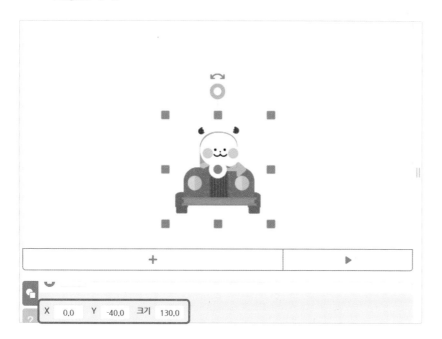

⑥ '자동차 탄 엔트리봇' 오브젝트를 선택한 상태에서 [시작하기 버튼을 클릭했을 때] 블록 아래에 다음 과 같이 코드를 작성합니다.

❶ 〈흐름〉의 [계속 반복하기]를 연결합니다.

❷ 비디오가 감지하는 장면을 계속해서 배경으로 보여 주고 사물 인식을 시작하기 위해 [계속 반복 하기] 블록 속에 〈인공지능〉−〈비디오 감지〉의 [비디오 화면 보이기]와 [사물 인식 시작하기] 블록 을 넣습니다.

⑦ 작성한 코드 아래에 〈흐름〉의 [만일 (조건)이라면, 아니면] 블록을 연결하고 (조건) 속에 〈판단〉의 [(10)=(10)]을 넣습니다. 왼쪽 (10)에는 〈인공지능〉–〈비디오 감지〉의 [인식된 사물의 수] 블록을 넣고 오른쪽 (10)에는 (1)을 넣습니다.

⑧ 〈인공지능〉의 [인공지능 블록 불러오기]를 클릭한 후 [읽어주기]를 선택하고 [추가] 버튼을 누릅니다.

⑨ 조건을 만족할 경우와 만족하지 않을 경우로 나누어 다음과 같이 코드를 작성합니다.

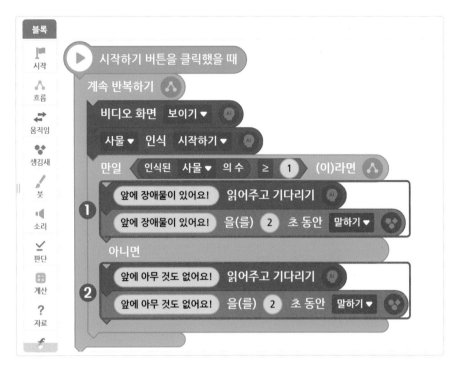

❶ 인식된 사물의 수가 1보다 크거나 같을 경우 〈인공지능〉-〈읽어주기〉의 [(엔트리) 읽어주고 기다리 기]를 연결하고, (엔트리) 대신 (앞에 장애물이 있어요!)를 입력합니다. 음성뿐 아니라 텍스트도 화 면에 나타날 수 있게 〈생김새〉의 [(안녕)을 (4)초 동안 말하기]를 연결하고, (안녕) 대신 (앞에 장애 물이 있어요!)를, (4)초 대신 (2)초를 입력합니다.

❷ 인식된 사물의 수가 1보다 작거나 같지 않을 경우, 즉 사물이 없을 경우 〈인공지능〉-〈읽어주기〉 의 [(엔트리) 읽어주고 기다리기]를 연결하고, (엔트리) 대신 (앞에 아무 것도 없어요!)를 입력합니 다. 음성뿐 아니라 텍스트도 화면에 나타날 수 있게 〈생김새〉의 [(안녕)을 (4)초 동안 말하기]를 연 결하고, (안녕) 대신 (앞에 아무 것도 없어요!)를, (4)초 대신 (2)초를 입력합니다.

❿ [실행하기] 버튼을 눌러 AI 사물 인식 프로그램이 잘 만들어졌는지 확인합니다. 앞에 아무 것도 없을 경우, 즉 인식된 사물의 수가 0인 경우 "앞에 아무 것도 없어요!"라는 텍스트와 함께 음성이 나옵니다.

⓫ 카메라 앞에 어떤 사물이 있을 경우 "앞에 장애물이 있어요!"라는 텍스트와 함께 음성이 나옵니다.

❶ 인식한 사물의 개수를 알려 주는 프로그램을 만들어 봅시다.

❷ 아래 예시 코드를 참고하여 나만의 AI 사물 인식 프로그램을 완성해 보세요.

```
시작하기 버튼을 클릭했을 때
계속 반복하기
    비디오 화면 보이기▼
    사물▼ 인식 시작하기▼
    만일  인식된 사물▼ 의 수  ≥  1  (이)라면
        앞에 장애물이  과(와)  인식된 사물▼ 의 수  과(와)  개 있어요!  를 합치기  를 합치기  읽어주고 기다리기
        앞에 장애물이  과(와)  인식된 사물▼ 의 수  과(와)  개 있어요!  를 합치기  를 합치기  을(를)  2  초 동안  말하기▼
    아니면
        앞에 아무 것도 없어요!  읽어주고 기다리기
        앞에 아무 것도 없어요!  을(를)  2  초 동안  말하기▼
```

★ 참고하세요 ★

〈계산〉의 [(안녕)과 (엔트리)를 합치기] 블록을
활용해요!

http://naver.me/GAn7LoHZ

장애인을 위한 AI

인공지능이 몸이 불편한 장애인들에게 큰 도움을 줄 수 있다는 사실을 알고 있나요? 음성으로 지시한 명령을 알아듣고 수행하는 AI 스피커의 경우, 특히 시각장애인들의 불편함을 많이 덜어 줄 수 있습니다. 예를 들어 네이버 AI 플랫폼인 클로바가 탑재된 AI 스피커의 경우 1만 5천여 권의 음성 도서가 있고, 한국시각장애인연합회 공지 사항과 같이 시각장애인 전용 콘텐츠를 음성으로 편리하게 이용할 수 있다고 합니다. 또, SK C&C에서 개발한 쉐어톡은 청각장애인을 위한 AI 문자 통역 서비스입니다. 직업 훈련 현장 등에서 강사가 작은 블루투스 마이크나 스마트폰에 대고 말하면 앱이 설치된 단말기에 실시간으로 강사의 설명이 문자로 변환되어 청각장애인들도 쉽게 교육받을 수 있습니다.

또 몇 해 전에는 우리나라의 한 고등학생이 시각장애인에게 보도와 차도를 구별해 주는 인공지능 프로그램을 만들어 화제가 되었습니다. 이 학생은 "화면을 인식하는 AI가 시각장애인에게 도움을 줄 방법은 없을까"라는 생각을 하다가 문득 떠오른 아이디어를 바로 실행에 옮겼다고 합니다. 자전거를 타고 다니면서 직접 촬영한 영상을 AI가 학습해 자전거의 앞길은 안전한 보도로, 그 외에 아스팔트가 놓인 옆길은 차도로 구별해 음성으로 알려 주는 프로그램을 만든 것입니다. 여러분들이 만든 AI 사물 인식 프로그램 역시 비디오가 앞에 있는 사물을 인식해 앞에 장애물이 있는지 없는지를 알려 주는 프로그램으로 시각장애인에게 큰 도움이 될 수 있을 것입니다. 여기에 여러분만의 아이디어를 더해 다른 사람에게 도움이 되는 멋진 AI 프로그램을 만들어 보면 어떨까요?

내 마음을 알아주는 AI 친구

엔트리의 얼굴 인식 블록을 활용해 얼굴을 구성하는 요소의 특징에 따라
감정을 판단하고 이에 대응하는 AI 감정 인식 프로그램을 만들어요.

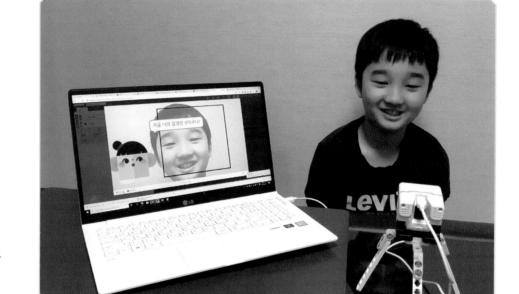

수업 길잡이

난이도 ★★★☆☆
소요시간 20분 이상
학습영역 인공지능/
감정 인식
준비물 PC 또는 노트북,
사이트 주소 알기
(https://playentry.org/)

AI 프로그래밍을 준비해요!

활동 목표

얼굴 인식 블록을 살펴보고
AI 감정 인식 프로그램 만들기

활동 약속

인공지능이 사람의 감정을 판단해
할 수 있는 일 생각해 보기

성취기준을 달성해요!

 ### 수업 활동

 [6실04-11] 문제를 해결하는 프로그램을
만드는 과정에서 순차, 선택, 반복 등의
구조를 이해한다.

 K11-12 : 인공지능이 많은 소프트웨어 및
물리적 시스템을 어떻게 운영하는지 설명한다.
(K12 CSS)

이 놀이는

감정 인식

엔트리의 [비디오 감지] 중 [얼굴 인식] 블록을 활용해 사람의 얼굴 표정으로 감정을 판단하는 AI 감정
인식 프로그램을 만들어 보는 활동입니다. 인공지능의 얼굴 인식 기술을 활용해 사람의 얼굴 표정을
읽고, 이를 통해 감정을 추론하는 과정을 체험해 봅니다.

❶ 〈인공지능〉 카테고리의 [인공지능 블록 불러오기]를 클릭하고, [비디오 감지]를 선택한 후 [추가] 버튼을 클릭합니다. 비디오 감지 블록이 제대로 작동하기 위해서는 카메라가 내장되어 있는 노트북을 사용하거나 웹캠이 연결된 PC를 사용해야 합니다.

❷ 비디오 감지 블록을 로딩 중이라는 메시지가 나타납니다. 최대 1분까지 걸릴 수 있으니 기다립니다.

❸ '엔트리봇' 오브젝트를 선택한 상태에서 [X] 버튼을 눌러 오브젝트를 삭제하고, [+] 버튼을 눌러 새로운 오브젝트를 추가합니다.

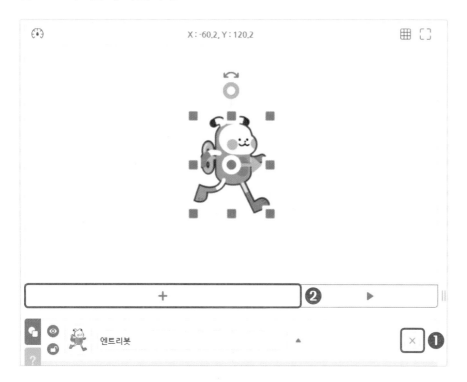

❹ 오브젝트 선택에서 〈사람〉을 선택하고 '얼굴(여)'를 클릭한 후 [추가] 버튼을 누릅니다.

❺ '얼굴(여)' 오브젝트의 위치를 (0, 0)에서 (−150, −50)으로 바꾸고, 크기 역시 '100'에서 '150'으로 변경
합니다.

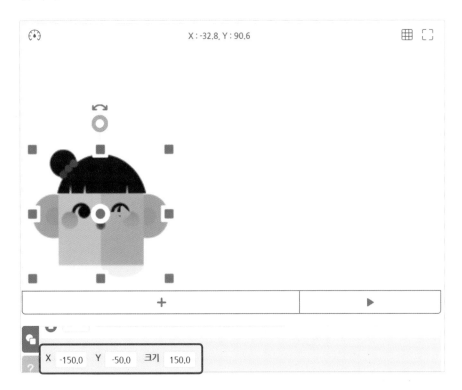

❻ 오브젝트 추가하기에서 새로 그리기를 선택한 후 [이동하기] 버튼을 눌러 그림판으로 이동합니다.

❼ 그림판에서 〈사각형〉을 선택한 후 사각형을 하나 그립니다.

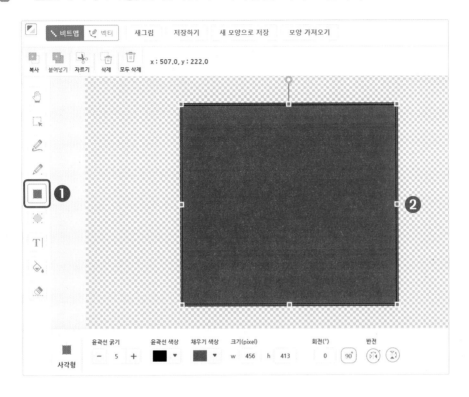

❽ 채우기 색상을 선택한 후 채우기 색상 없음을 선택합니다.

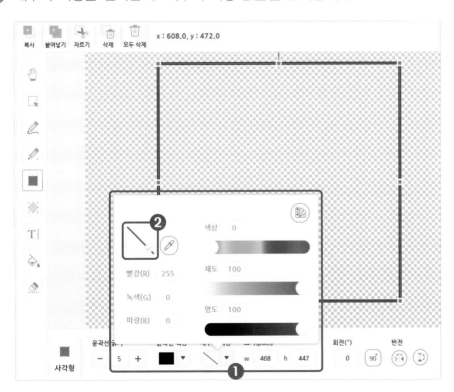

⑨ 그린 오브젝트의 이름을 〈사각형〉으로 입력한 뒤 [저장하기] 버튼을 클릭합니다.

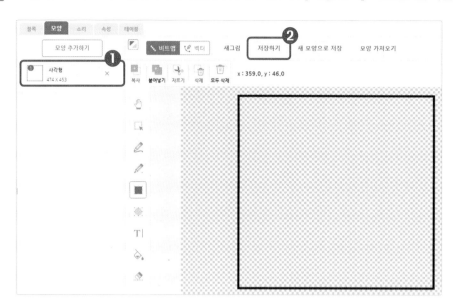

⑩ '사각형' 오브젝트의 위치를 (0, 0)에서 (50, 0)으로 옮기고, 크기는 '240'으로 지정합니다.

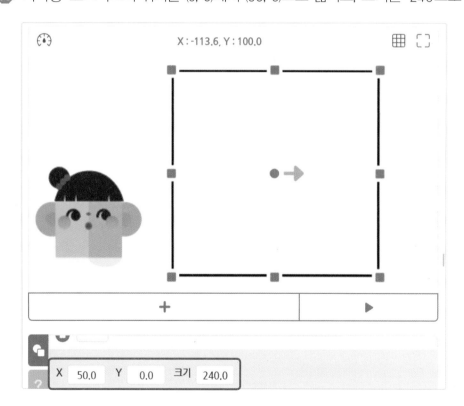

⑪ '얼굴(여)' 오브젝트를 선택한 상태에서 다음과 같이 코드를 작성합니다.

❶ 카메라가 사람의 얼굴을 인식하도록 하기 위해 〈시작〉의 [시작하기 버튼을 클릭했을 때] 블록 아래에 〈인공지능〉−〈비디오 감지〉의 [비디오 화면 보이기]를 연결합니다.

❷ 〈생김새〉의 [[안녕]을 (4)초 동안 말하기] 블록을 연결하고 (안녕) 대신에 (얼굴만 봐도 너의 감정을 알 수 있어!)를, (4)초 대신 (3)초를 입력합니다.

⑫ 〈인공지능〉의 [인공지능 블록 불러오기]를 클릭한 후 [읽어주기]를 누르고 [추가] 버튼을 누릅니다.

⓭ 계속해서 다음과 같이 코드를 작성합니다.

❶ 〈인공지능〉-〈읽어주기〉의 [(엔트리) 읽어주기] 블록을 가져와 연결하고 (엔트리) 대신에 (카메라를 봐)를 입력합니다.

❷ 〈인공지능〉-〈비디오 감지〉의 [얼굴 인식 시작하기] 블록을 연결합니다.

❸ 〈생김새〉의 [(안녕)을 말하기] 블록을 연결하고, (안녕) 대신에 〈계산〉의 [(10)+(10)]을 넣어 줍니다. 왼쪽 (10) 대신에 (지금 너의 감정은)을 입력하고, 오른쪽 (10)에는 다시 [(10)+(10)] 블록을 넣습니다. 그리고 다시 왼쪽 (10) 대신에 〈인공지능〉-〈비디오 감지〉의 [1번째 얼굴의 감정] 블록을 넣고 오른쪽 (10) 대신에 (이구나!)를 입력합니다.

⓮ [실행하기] 버튼을 눌러 AI 감정 인식 프로그램이 잘 만들어졌는지 확인합니다. 행복한 표정, 화난 표정, 무표정 등 다양한 표정을 AI 감정 인식 프로그램이 제대로 판단하는지 살펴보세요.

나만의 AI 감정 인식 프로그램을 만들어요!

❶ 인식한 감정에 따라 반응하는 프로그램을 만들어 봅시다.

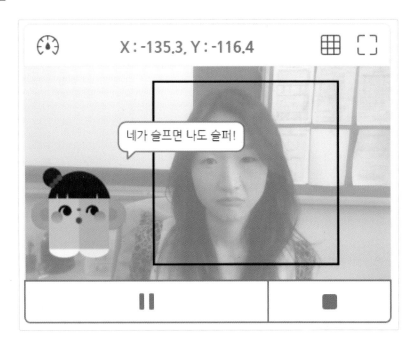

❷ 아래 예시 코드를 참고하여 나만의 AI 감정 인식 프로그램을 완성해 보세요.

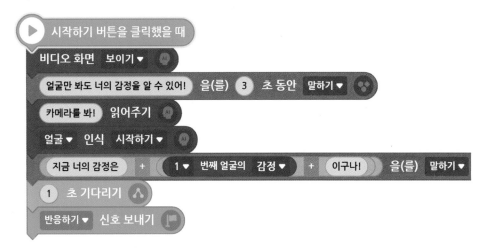

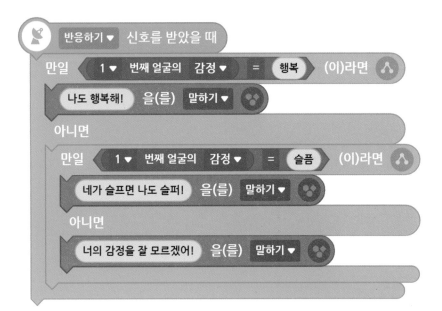

★ 참고하세요 ★

〈속성〉에서 신호를 추가해요!

혼자 작품 만들기가 어려운 친구들은 예시 작품
링크를 참고해요!

http://naver.me/xZx2rd7q

AI와 친구해요!

인공지능이 여러분의 친구가 될 수 있다면 여러분은 어떨 것 같나요? 여러분의 표정만 봐도 어떤 마음인지를 알고 위로해 주거나 함께 축하해 줄 수 있는 인공지능이라면 좋은 친구가 될 수도 있지 않을까요? '인공 감성 지능' 또는 '감성 AI'라 불리는 이 기술은 감정 인식 또는 감정 탐지 기술로도 알려져 있습니다. 인공지능이 사람의 마음을 이해한다니 정말 놀랍지요? 이것을 다른 말로 '얼굴 코딩'이라고도 합니다. 인간은 표정, 몸짓, 몸짓 언어 및 목소리와 같은 비언어적인 단서를 사용하여 자신의 감정을 전달합니다.

얼굴 코딩은 이 중에서 표정으로 사람의 감정을 판단하는 것이지요. 인공지능은 광학 센서 또는 웹캠을 사용하여 사람의 표정을 있는 그대로 측정합니다. 그리고 시각 알고리즘이 얼굴의 주요 랜드마크라 할 수 있는 눈썹 모서리나 코끝, 입의 모서리 등의 특징을 식별합니다. 그런 다음 딥러닝 알고리즘이 표정을 분류하기 위해 해당 영역의 픽셀을 분석합니다. 이를 통한 모든 데이터의 조합들은 사람의 감정과 매칭되며 분노, 경멸, 혐오, 두려움, 기쁨, 슬픔 및 놀라움과 같은 가장 뚜렷한 7가지 감정을 파악할 수 있습니다. 이 외에도 이모티콘, 성별, 연령, 민족성 및 기타 여러 가지 항목들도 측정할 수 있지요.

앞에서 만들어 본 AI 감정 인식 프로그램처럼 엔트리의 얼굴 인식 블록을 활용하면 감정은 물론, 나이와 성별까지도 판별할 수 있습니다. 자, 그럼 이런 얼굴 인식 기술을 활용해 여러분만의 AI 친구를 만들어 보면 어떨까요?

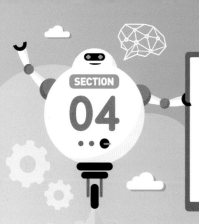

SECTION 04

가면무도회에 가요!

엔트리의 얼굴 인식 블록을 활용해 얼굴을 구성하는 요소의 위치를 따라 움직이는
AI 가면무도회 프로그램을 만들어요.

수업 길잡이

난이도 ★★★☆☆
소요시간 20분 이상
학습영역 인공지능/
얼굴 인식
준비물 PC 또는 노트북,
사이트 주소 알기
(https://playentry.org/)

AI 프로그래밍을 준비해요!

활동 목표

얼굴 인식 블록을 살펴보고
AI 가면무도회 프로그램 만들기

활동 약속

증강현실 기술과 접목해
나만의 아이디어 생각해 보기

성취기준을 달성해요!

수업 활동

[6실04-09] 프로그래밍 도구를 사용하여
기초적인 프로그래밍 과정을 체험한다.

K11-12 : 인공지능이 많은 소프트웨어 및
물리적 시스템을 어떻게 운영하는지 설명한다.
(K12 CSS)

이 놀이는

엔트리의 [비디오 감지] 중 얼굴 인식 블록을 활용해 얼굴 구성 요소의 좌표를 따라 움직이는 AI 가면
무도회 프로그램을 만들어 보는 활동입니다. 인공지능의 얼굴 인식 기술을 활용해 증강현실을 구현할
수 있음을 알고 이를 통해 다양한 아이디어를 생성해내는 경험을 합니다.

얼굴 인식

① 〈인공지능〉-카테고리의 [인공지능 블록 불러오기]에서 [비디오 감지]를 선택한 후 [추가] 버튼을 클릭합니다. 비디오 감지 블록이 제대로 작동하기 위해서는 카메라가 내장된 노트북을 사용하거나 웹캠이 연결된 PC를 사용해야 합니다.

② 비디오 감지 블록을 로딩 중이라는 메시지가 나타납니다. 최대 1분까지 걸릴 수 있으니 기다립니다.

❸ '엔트리봇' 오브젝트를 선택한 상태에서 [X] 버튼을 눌러 오브젝트를 삭제하고, [+] 버튼을 눌러 새로운 오브젝트를 추가합니다.

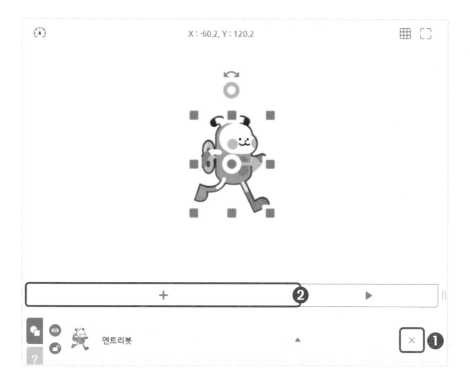

❹ 오브젝트 선택에서 〈판타지〉를 선택하고 '할로윈 호박'을 클릭한 후 [추가] 버튼을 누릅니다.

5 오브젝트 선택에서 하트를 검색해 나온 결과 중 '기본하트'를 클릭한 뒤 [추가] 버튼을 누릅니다. '기본하트' 오브젝트는 2개를 추가합니다.

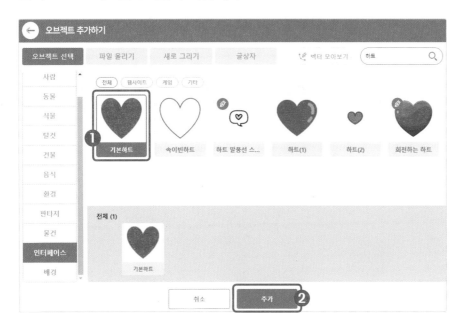

6 '할로윈 호박' 오브젝트의 위치를 (0, 0)에서 (150, −50)으로 바꾸고, 크기 역시 '100'에서 '130'으로 변경합니다.

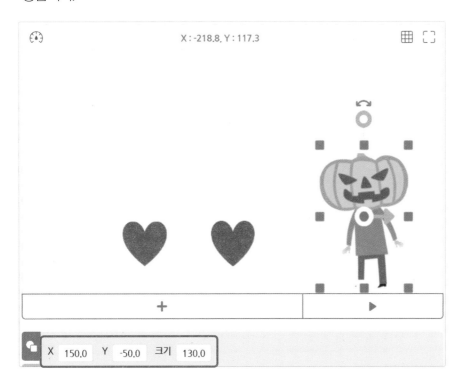

7 '기본하트' 오브젝트 1(왼쪽)의 위치를 (0, 0)에서 (−100, −80)으로 바꾸고, 크기 역시 '100'에서 '50'으로 변경합니다. '기본하트' 오브젝트 2(오른쪽)의 위치는 (0, 0)에서 (0, −80)으로 바꾸고, 크기 역시 '100'에서 '50'으로 변경합니다.

8 구글에서 오토드로우를 검색하거나 주소창에 "https://www.autodraw.com/"을 입력합니다.

⑨ 오토드로우 그림판에서 입술 모양을 그리면 상단에 자동으로 완성된 그림이 나타납니다. 그중에서
마음에 드는 그림을 하나 선택합니다.

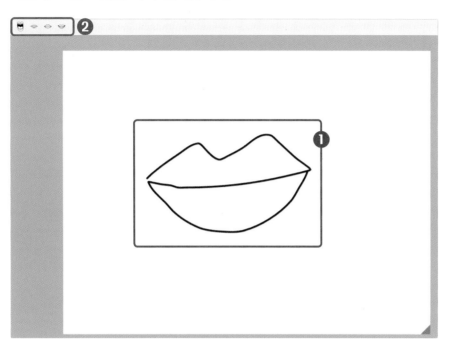

⑩ [채우기] 버튼을 누른 뒤 원하는 색상을 클릭합니다.

⑪ 상단에 있는 줄무늬 버튼을 누르면 메뉴바가 나타납니다. [다운로드]를 눌러 그림 파일로 저장합
니다.

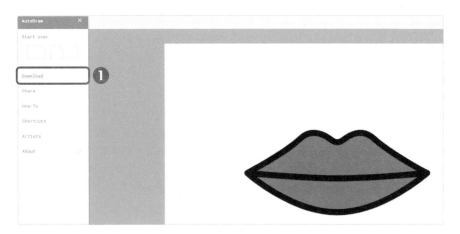

⑫ 오브젝트 추가하기에서 파일 올리기를 클릭한 뒤 방금 다운로드한 오토드로우 그림 파일을 찾아 추
가합니다.

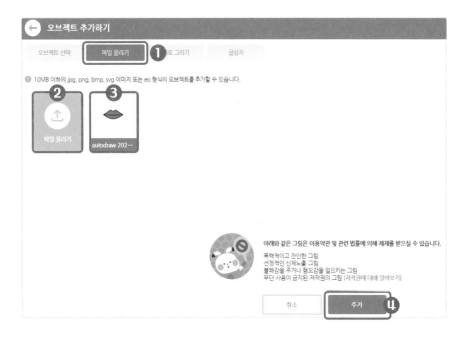

⑬ 추가한 '입술' 오브젝트의 모양에서 비트맵을 선택한 뒤 지우개를 클릭해 입술 모양을 둘러싸고 있는 하얀색 배경을 모두 없애 줍니다.

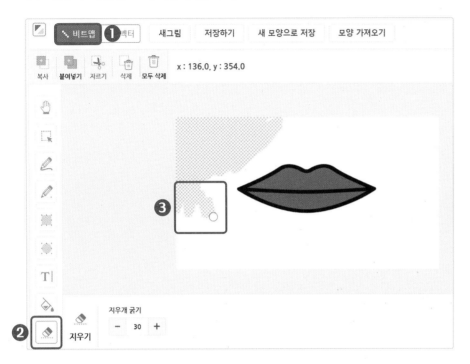

⑭ '입술' 오브젝트의 배경을 모두 없앤 뒤 [저장하기] 버튼을 눌러 줍니다.

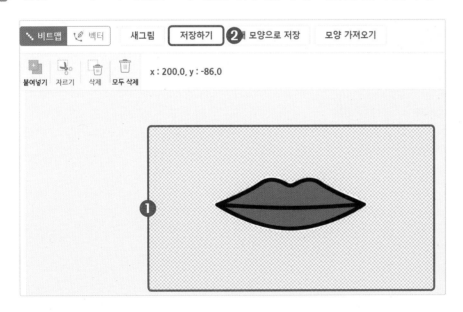

⑮ '입술' 오브젝트의 위치를 (0, 0)에서 (−200, −80)으로 바꾸고, 크기는 '100'에서 '50'으로 변경합니다.

⑯ '할로윈 호박' 오브젝트를 선택하고 다음과 같이 코드를 작성합니다.

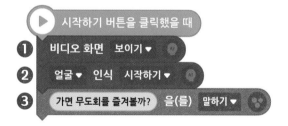

❶ 〈시작〉의 [시작하기 버튼을 클릭했을 때] 블록 아래에 〈인공지능〉−〈비디오 감지〉의 [비디오 화면 보이기] 블록을 연결합니다.

❷ 얼굴 인식을 위해 〈비디오 감지〉의 [얼굴 인식 시작하기] 블록을 연결합니다.

❸ 〈생김새〉의 [(안녕)을 말하기] 블록을 가져와 연결하고 (안녕) 대신에 (가면 무도회를 즐겨볼까?)를 입력합니다.

⑰ '기본하트1'(왼쪽) 오브젝트에 다음과 같이 코드를 작성합니다.

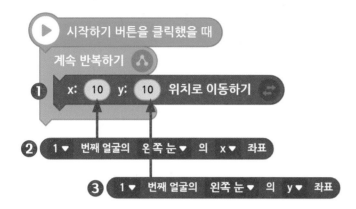

❶ 〈시작〉의 [시작하기 버튼을 클릭했을 때] 블록 아래에 〈흐름〉의 [계속 반복하기] 블록을 연결합니다. 그리고 [계속 반복하기] 블록 속에 〈움직임〉의 [x: (10) y: (10) 위치로 이동하기] 블록을 넣습니다.

❷ x 좌표의 (10) 대신에 〈인공지능〉–〈비디오 감지〉의 [1번째 얼굴의 왼쪽 눈의 x 좌표] 블록을 넣습니다.

❸ y 좌표의 (10) 대신에 〈인공지능〉–〈비디오 감지〉의 [1번째 얼굴의 왼쪽 눈의 y 좌표] 블록을 넣습니다.

⑱ '기본하트2'(오른쪽) 오브젝트에 다음과 같이 코드를 작성합니다.

❶ 〈시작〉의 [시작하기 버튼을 클릭했을 때] 블록 아래에 〈흐름〉의 [계속 반복하기] 블록을 연결합니다. 그리고 [계속 반복하기] 블록 속에 〈움직임〉의 [x: (10) y: (10) 위치로 이동하기] 블록을 넣습니다.

❷ x 좌표의 (10) 대신에 〈인공지능〉–〈비디오 감지〉의 [1번째 얼굴의 오른쪽 눈의 x 좌표] 블록을 넣습니다.

❸ y 좌표의 (10) 대신에 〈인공지능〉–〈비디오 감지〉의 [1번째 얼굴의 오른쪽 눈의 y 좌표] 블록을 넣습니다.

⑲ '입술' 오브젝트에 다음과 같이 코드를 작성합니다.

❶ 〈시작〉의 [시작하기 버튼을 클릭했을 때] 블록 아래에 〈흐름〉의 [계속 반복하기] 블록을 연결합니다. 그리고 [계속 반복하기] 블록 속에 〈움직임〉의 [x: (10) y: (10) 위치로 이동하기] 블록을 넣습니다.

❷ x 좌표의 (10) 대신에 〈인공지능〉–〈비디오 감지〉의 [1번째 얼굴의 아랫 입술의 x 좌표] 블록을 넣습니다.

❸ y 좌표의 (10) 대신에 〈인공지능〉–〈비디오 감지〉의 [1번째 얼굴의 아랫 입술의 y 좌표] 블록을 넣습니다.

⑳ [실행하기] 버튼을 눌러 AI 가면무도회 프로그램이 잘 만들어졌는지 확인합니다. 왼쪽, 오른쪽 눈의 위치를 따라다니는 하트 가면과 입술을 따라 다니는 입술 가면이 얼굴이 움직임에 따라 잘 따라다니는지 살펴보세요.

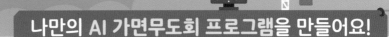
❶ 여러 명의 얼굴을 인식하는 가면무도회 프로그램을 만들어 봅시다.

❷ 아래 예시 코드를 참고하여 나만의 AI 가면무도회 프로그램을 완성해 보세요.

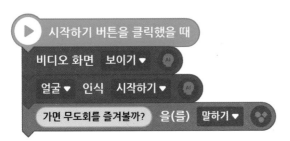

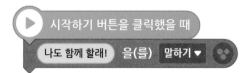

시작하기 버튼을 클릭했을 때

나도 함께 할래! 을(를) 말하기 ▼

시작하기 버튼을 클릭했을 때

계속 반복하기 ∧

x: 2 ▼ 번째 얼굴의 코 ▼ 의 x ▼ 좌표 y: 2 ▼ 번째 얼굴의 코 ▼ 의 y ▼ 좌표

★ 참고하세요 ★

여러 명의 얼굴을 인식해요!

혼자 작품 만들기가 어려운 친구들은 예시 작품
링크를 참고해요!

http://naver.me/Flr0zv0y

인공지능 기술로
증강현실을 구현해요!

스마트폰으로 옷을 비추면 직접 옷을 입지 않고도 옷을 입은 모습을 확인할 수 있는 앱 또는 건물 내부에 어떤 가게가 있는지 아이콘이나 그림으로 알려 주는 증강현실 앱을 체험해 본 적이 있나요? 증강현실(AR : Augmented Reality)이란 실제 공간에 가상 정보를 실시간으로 증강하여 사용자가 증강된 가상 정보와 상호작용함으로써 작업 효율성을 향상하는 기술을 말합니다. 여러분들이 많이 좋아하는 포켓몬고와 같은 게임도 이런 증강현실 기술을 이용한 게임이지요.

가상현실과 증강현실의 차이를 살펴보면 가상현실은 자신(객체)과 배경, 환경 모두 현실이 아닌 가상의 이미지를 사용하는 반면 증강현실은 현실의 이미지나 배경에 3차원 가상 이미지를 겹쳐 하나의 영상으로 보여 주는 기술이라고 할 수 있습니다. 또, 가상현실은 현실과 단절된 '가상 세계에서의 몰입과 상호작용'을 강조하는 반면 증강현실은 현실과 유기적으로 결합한 '확장 세계에서의 지능적 증강과 직접적 상호작용'을 강조합니다.

이런 증강현실 기술이 인공지능과 만난다면 어떻게 될까요? 앞에서 여러분이 직접 만든 프로그램의 경우 얼굴을 인식하는 인공지능 기술을 활용해 증강현실을 구현한 것이라고 볼 수 있어요. 실제 여러분이 있는 공간에 가상의 오브젝트를 결합하여 마치 가면을 쓴 것처럼 만들었으니까요. 그렇다면 포켓몬고와 같은 게임도 직접 만들어 볼 수 있지 않을까요? 엔트리 인공지능 블록을 활용해 지금 만들어 보세요!

도전! AI 골든벨!

엔트리의 음성 인식 블록을 활용해 퀴즈의 정답을 말하면 이를 인식해 정답 여부를
알려 주는 도전! AI 골든벨 프로그램을 만들어요.

수업 길잡이

난이도 ★★★☆☆
소요시간 20분 이상
학습영역 인공지능/
음성 인식
준비물 PC 또는 노트북,
사이트 주소 알기
(https://playentry.org/)

AI 프로그래밍을 준비해요! 🔍

활동 목표
음성 인식 블록을 살펴보고 도전!
AI 골든벨 프로그램 만들기

활동 약속
퀴즈의 정답을 잘 생각해
또박또박 발음하기

성취기준을 달성해요! 📊

수업 활동

[6실04-10] 자료를 입력하고 필요한 처리를
수행한 후 결과를 출력하는 단순한 프로그램
을 설계한다.

K11-12 : 인공지능이 많은 소프트웨어 및
물리적 시스템을 어떻게 운영하는지 설명한다.
(K12 CSS)

이 놀이는

음성 인식

엔트리의 [오디오 감지] 중 음성 인식 블록을 활용해 퀴즈의 정답을 음성으로 인식하고 정답인지 오답
인지를 알려 주는 프로그램을 만들어 보는 활동입니다. 인공지능의 음성 인식 기술을 활용해 골든벨
퀴즈 프로그램을 만들 수 있음을 알고 이를 통해 다양한 아이디어를 생성해내는 경험을 합니다.

AI 프로그램을 만들어요!

① 〈인공지능〉 카테고리의 [인공지능 블록 불러오기]에서 [오디오 감지]를 선택한 후 [추가] 버튼을 클릭합니다. 오디오 감지 블록이 제대로 작동하기 위해서는 마이크가 내장된 노트북을 사용하거나 PC에 마이크를 연결해 사용해야 합니다.

② 〈인공지능〉 카테고리에 〈오디오 감지〉 블록이 나타납니다. 각 블록이 어떤 역할을 하는지 확인합니다.

① 〈마이크가 연결되었는가?〉
마이크가 연결된 경우 참으로
판단하는 블록

② 〈음성 인식하기〉
마이크에 입력되는 사람의 목소리를
텍스트로 변환하는 블록

③ 〈음성을 문자로 바꾼 값〉
사람의 목소리를 문자로 바꾼 값으로,
목소리가 입력되지 않거나 오류 발생 시
0값을 가짐

④ 〈마이크 소리 크기〉
마이크에 입력되는 소리의 크기 값을
나타내는 블록

❸ '엔트리봇' 오브젝트를 선택한 상태에서 [X] 버튼을 눌러 오브젝트를 삭제하고, [+] 버튼을 눌러 새로운 오브젝트를 추가합니다.

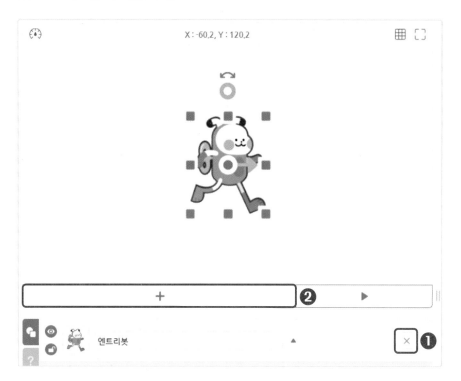

❹ 오브젝트 선택에서 〈사람〉을 선택한 후 '소녀(5)'를 클릭하고 [추가] 버튼을 누릅니다.

⑤ 오브젝트 선택에서 〈물건〉을 선택한 후 'TV'를 클릭하고 [추가] 버튼을 누릅니다.

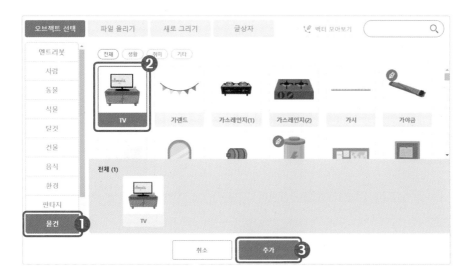

⑥ 'TV' 오브젝트의 위치를 (0, 0)에서 (70, −35)로 바꾸고, 크기는 '100'에서 '370'으로 변경합니다. '소녀 (5)' 오브젝트의 위치는 (0, 0)에서 (−175, −40)으로 바꾸고, 크기는 '100'에서 '180'으로 변경합니다.

❼ '소녀(5)' 오브젝트를 선택한 상태에서 다음과 같이 코드를 작성합니다.

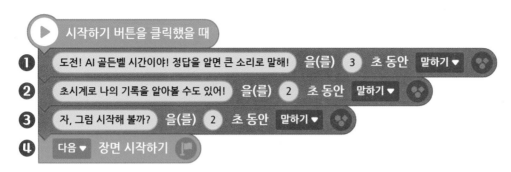

❶ 〈시작〉의 [시작하기 버튼을 클릭했을 때] 블록 아래에 〈생김새〉의 [(안녕)을 (4)초 동안 말하기] 블록을 연결한 후 (안녕) 대신에 (도전! AI 골든벨 시간이야! 정답을 알면 큰 소리로 말해!)를 입력하고 (4)초 대신 (3)초로 바꿔 줍니다.

❷ 〈생김새〉의 [(안녕)을 (4)초 동안 말하기] 블록을 하나 더 연결한 후 (안녕) 대신에 (초시계로 나의 기록을 알아볼 수도 있어!)를 입력하고 (4)초 대신 (2)초로 바꿔 줍니다.

❸ 퀴즈의 시작을 알리기 위해 〈생김새〉의 [(안녕)을 (4)초 동안 말하기] 블록을 하나 더 연결한 후 (안녕) 대신에 (자, 그럼 시작해 볼까?)를 입력하고 (4)초 대신 (2)초로 바꿔 줍니다.

❹ 〈시작〉의 [다음 장면 시작하기]를 연결해 줍니다.

❽ 〈장면1〉에 마우스 커서를 가져가 오른쪽 버튼을 누르면 [복제하기] 버튼이 나타납니다. [복제하기] 버튼을 눌러 복제된 〈장면1〉의 이름을 〈장면2〉로 바꿔 줍니다.

❾ [복제하기]로 〈장면4〉까지 만들어 줍니다.

❿ 〈장면2〉를 선택한 상태에서 오브젝트 추가하기를 선택하고 파일 올리기의 [파일 올리기]를 클릭합니다.

⑪ 문제로 내고 싶은 이미지 사진을 추가합니다.

　– 미리 원하는 이미지를 찾아 〈내 컴퓨터〉에 저장해야 합니다.

　– 저작권을 침해하지 않는 이미지여야 하기 때문에 픽사베이(https://pixabay.com/)와 같은
　　무료 이미지 사이트를 활용합니다.

⑫ 〈장면2〉에 추가된 이미지를 TV 스크린 사이즈에 맞게 크기를 조정합니다.

⓭ 〈장면2〉의 '소녀(5)' 오브젝트에 복제된 코드는 삭제하고 새롭게 다음과 같이 코드를 작성합니다.

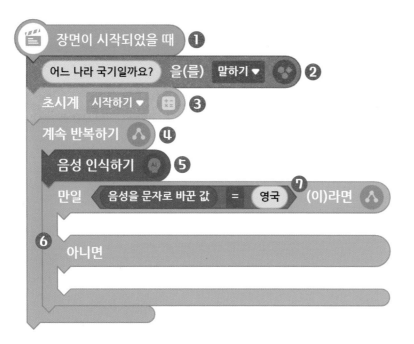

❶ 〈시작〉의 [장면이 시작되었을 때] 블록을 가져옵니다.

❷ 〈생김새〉의 [(안녕)을 말하기] 블록을 연결하고 (안녕) 대신 (어느 나라 국기일까요?)를 입력합니다.

❸ 〈계산〉의 [초시계 시작하기] 블록을 연결합니다.

❹ 음성을 계속해서 인식하기 위해 〈흐름〉의 [계속 반복하기] 블록을 가져옵니다.

❺ 〈인공지능〉–〈오디오 감지〉의 [음성 인식하기]를 [계속 반복하기] 블록 속에 넣어 줍니다.

❻ [음성 인식하기] 블록 아래에 〈흐름〉의 [만일 (조건)이라면, 아니면]을 넣어 줍니다.

❼ (조건)에 〈판단〉의 [(10)=(10)]을 넣고 왼쪽 (10)에는 〈인공지능〉–〈오디오 감지〉의 [음성을 문자로 바꾼 값]을 넣어 줍니다. 그리고 오른쪽 (10)에는 (영국)이라고 씁니다.

⑭ 〈인공지능〉의 [인공지능 블록 불러오기]를 클릭해 [읽어주기]를 선택하고 [추가] 버튼을 누릅니다.

⑮ 나머지 코드를 다음과 같이 완성해 줍니다.

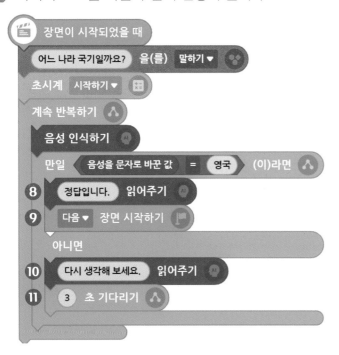

❽ 음성으로 인식한 값이 영국이라면 정답임을 음성으로 알려 주기 위해 〈인공지능〉-〈읽어주기〉의
[(엔트리) 읽어주기]를 연결하고, (엔트리) 대신 (정답입니다.)를 입력합니다.

❾ 〈시작〉의 [다음 장면 시작하기]를 연결해 다음 문제로 넘어갑니다.

❿ 음성으로 인식한 값이 영국이 아니라면 정답을 다시 한번 말할 기회를 주기 위해 〈인공지능〉-
〈읽어주기〉의 [(엔트리) 읽어주기]를 연결하고 (엔트리) 대신 (다시 생각해 보세요.)를 입력합니다.

⓫ 다시 음성 인식을 시작하는 동안 기다려 주기 위해 〈흐름〉의 [(2)초 기다리기]를 연결하고 (2)초 대
신 (3)초를 입력합니다.

⑯ 〈장면3〉을 선택한 상태에서 오브젝트 추가하기를 선택하고 파일 올리기의 [파일 올리기]를 클릭한 뒤 다른 이미지를 추가합니다.

⑰ 〈장면3〉에 추가된 새로운 이미지를 〈장면2〉와 마찬가지로 TV 스크린 크기에 맞게 조정하고, '소녀 (5)' 오브젝트를 선택합니다. 기존 복제된 코드는 삭제하고, 〈장면2〉에서 작성한 코드와 동일하게 블록을 연결합니다. 단, 영국 국기가 아니라 캐나다 국기이므로 정답의 값을 영국 대신 캐나다로 바꾸고, [초시계 시작하기] 블록은 삭제합니다.

⑱ 〈장면4〉에 추가된 새로운 이미지를 〈장면3〉과 마찬가지로 TV 스크린 크기에 맞게 조정하고, '소녀(5)' 오브젝트를 선택합니다. 기존 복제된 코드는 삭제하고, 〈장면3〉에서 작성한 코드와 동일하게 블록을 연결합니다. 단, 캐나다 국기가 아니라 태국 국기이므로 정답의 값을 캐나다 대신 태국으로 바꾸고, [다음 장면 시작하기] 블록은 삭제합니다. 그 자리에 〈계산〉의 [초시계 정지하기] 블록과 〈흐름〉의 [모든 코드 멈추기] 블록을 넣어 줍니다.

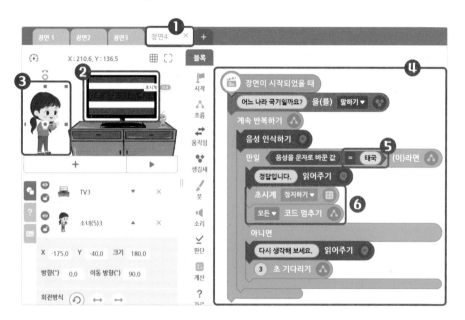

⑲ [실행하기] 버튼을 눌러 도전! AI 골든벨 프로그램이 잘 만들어졌는지 확인합니다. 음성으로 영국, 캐나다, 태국 등을 말하고 제대로 음성을 인식하는지 확인합니다.

❶ 음성으로 말한 틀린 답을 읽어 주며 다시 생각해 보라고 말하는 프로그램을 만들어 봅시다.

❷ 아래 예시 코드를 참고하여 나만의 도전! AI 골든벨 프로그램을 완성해 보세요.

★ 참고하세요 ★

음성 인식된 값이 정답이 아닐 때 이를 알려 줘요!
혼자 작품 만들기가 어려운 친구들은 예시 작품
링크를 참고해요!

http://naver.me/xT7UxeMK

놀라운 음성 인식의 세계로 떠나요!

"클로바! 오늘 날씨 어때?"라고 물어본 적이 있나요? 네이버 클로바의 음성 인식 기술인 클로바 스피치는 한국어 및 일본어에 대해 세계 최고 수준의 음성 인식 기술로 다양한 음성 기반 서비스를 제공하고 있습니다. 클로바 스피치 기술은 크게 3가지로 나누어 생각해 볼 수 있는데, 첫 번째가 음성 명령 인식으로 네이버와 라인의 방대한 데이터를 기반으로 학습한 클로바 엔진이 다양하고 새로운 음성 명령에 대해 정확하게 인식합니다. 음성 명령을 정확하게 인식해야 그에 따라 필요한 동작을 수행할 수 있으므로 음성을 정확하게 인식하는 기술은 매우 중요한 부분이라 할 수 있습니다.

두 번째는 딕테이션, 즉 음성을 텍스트로 변환하는 기술입니다. 특히 정형화되지 않은 긴 문장 인식에 특화되어 방송영상이나 오디오 클립의 대화 음성을 텍스트로 변환하고 자동으로 자막을 생성할 수 있습니다. 이 경우 자동으로 회의록을 작성한다거나 청각장애인을 위한 자막을 자동으로 만들어 주는 서비스 등에 활용될 수 있습니다. 영상을 만들고 자막을 따로 제작하지 않아도 되는 장점도 있지요.

세 번째는 목소리를 인식하고 정확하게 분리하는 화자 인식 기술입니다. 대화 중인 여러 명의 화자 목소리를 분리하여 각 화자의 대화 스크립트를 작성하는 기술을 갖추고 있는 것입니다. 또, 비디오 분석을 통해 영상에서 말하는 사람을 확인하고 분리하는 기술을 개발하고 있어, 조만간 움직이는 입 모양만으로도 어떤 말인지 알 수 있어 듣지 못하는 청각장애인들을 위한 특화된 서비스를 제공할 수 있습니다. 이미 우리 생활 깊숙이 들어온 인공지능의 음성 인식 기술! 알면 알수록 멋있지 않나요?

이미지 출처 : 네이버 클로바(https://clova.ai/ko)

우리 가족이 맞나요?

엔트리의 모델 학습하기를 활용해 학습한 이미지를 토대로 우리 가족의 얼굴을
구분하는 프로그램을 만들어요.

난이도 ★★★★☆
소요시간 30분 이상
학습영역 인공지능/
머신러닝
준비물 PC 또는 노트북,
사이트 주소 알기
(https://playentry.org/)

활동 목표
이미지 모델 학습 방법을 알고 우리 가족의
얼굴을 구분하는 프로그램 만들기

활동 약속
스스로 필요한 이미지 데이터를 수집하기

수업 활동
[6실04-10] 자료를 입력하고 필요한 처리를
수행한 후 결과를 출력하는 단순한 프로그램을
설계한다.

K11-12 : 인공지능이 많은 소프트웨어 및
물리적 시스템을 어떻게 운영하는지 설명한다.
(K12 CSS)

이 놀이는

엔트리의 [모델 학습하기]를 활용해 우리 가족의 얼굴 사진을 학습시켜 우리 가족인지 아닌지를 구분
하는 프로그램을 만들어 보는 활동입니다. 인공지능의 머신러닝 알고리즘이 어떤 원리로 이루어지는지
알고 이를 통해 다양한 인공지능 프로그램을 만들어 볼 수 있습니다.

머신러닝

① 활동을 시작하기 전에 내 컴퓨터에 가족의 사진을 폴더별로 모아 둡니다. 필요한 데이터를 미리 수집해 두는 것이 좋습니다.

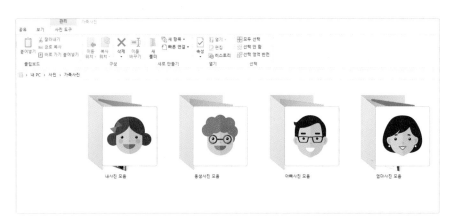

② 〈인공지능〉 카테고리의 [인공지능 모델 학습하기]를 클릭합니다.

❸ 어떤 유형의 데이터를 이용해 학습할지를 결정해야 합니다. 가족의 얼굴 사진을 활용해 학습할 예정이기 때문에 [분류: 이미지], [분류: 텍스트], [분류: 음성], [분류: 숫자], [예측: 숫자], [군집: 숫자] 중 [분류: 이미지]를 선택합니다.

❹ 이미지를 클릭했을 때 나타나는 창의 각 구성을 확인합니다.

❶ 새로운 모델은 만들고자 하는 모델의 이름을 입력하는 곳입니다.
❷ 데이터 입력은 학습하기를 원하는 데이터를 추가하는 곳입니다.

⑤ 머신러닝 모델을 만들기 위한 첫 번째 단계입니다.

❶ 새로운 모델에 마우스 커서를 대고 "우리 가족"이라는 모델의 이름을 입력합니다.

❷ 엄마의 얼굴을 학습하기 위해 엄마 얼굴 사진을 모아야 하므로 데이터 입력의 '클래스 1' 옆에 "엄마"라고 입력합니다.

❸ 엄마 얼굴 사진을 모으기 위해 [파일 올리기]를 클릭합니다.

⑥ 다음과 같이 이미지 데이터를 모을 수 있습니다.

❶ 내 컴퓨터에 저장된 엄마의 얼굴 사진을 업로드합니다.

❷ 촬영 버튼을 눌러 그 자리에서 얼굴 사진을 촬영합니다.

보다 정확도를 높이기 위해서는 엄마의 다양한 얼굴 사진이 필요하므로 가지고 있는 다양한 얼굴 사진과 촬영한 사진을 함께 모으는 것이 좋습니다. 또한, 클래스당 5개 이상의 이미지 데이터를 학습시켜야 합니다. 학습할 데이터는 많으면 많을수록 정확도를 높일 수 있습니다.

❼ '클래스 2' 옆에 "큰 아들"이라고 입력하고 얼굴 사진을 촬영하거나 내 컴퓨터에 있는 사진 데이터를 업로드합니다. 가족이 누구인지에 따라 클래스의 이름은 달라질 수 있습니다.

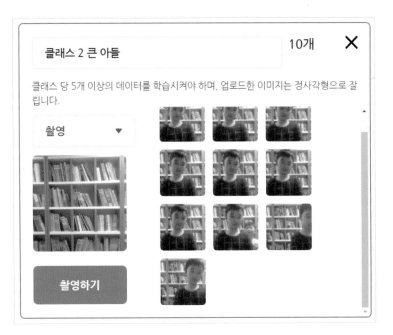

❽ 가족의 수만큼 [클래스 추가하기] 버튼을 클릭합니다.

⑨ '클래스 3' 옆에 "작은 아들"이라고 입력하고 얼굴 사진을 촬영하거나 내 컴퓨터에 있는 사진 데이터 를 업로드합니다. 가족이 누구인지에 따라 클래스의 이름은 달라질 수 있습니다.

⑩ 데이터 입력이 모두 끝나면 학습의 [모델 학습하기] 버튼을 클릭합니다.

⑪ 모델 학습의 결과를 확인합니다. 사진을 업로드하여 확인할 수도 있고 직접 촬영하여 확인할 수도 있습니다. 예시에서는 큰 아들로 90% 판단하고 있음을 알 수 있습니다. (결과값이 책에 있는 수치와 조금 다르게 나타나도 괜찮습니다. 단, 결과가 다른 클래스로 나타날 경우에는 머신러닝 모델에 데이터를 더 많이 학습시키거나 결과에 다른 이미지를 사용해서 진행합니다.)

⑫ 학습이 완료된 모델을 활용해 프로그램을 만들기 위해 [적용하기]를 클릭합니다.

⑬ 학습하여 만든 모델과 관련된 블록들이 추가된 것을 확인할 수 있습니다.

⑭ '엔트리봇' 오브젝트를 선택한 상태에서 [X] 버튼을 눌러 오브젝트를 삭제하고, [+] 버튼을 눌러 새로운 오브젝트를 추가합니다. 〈사람〉에서 '얼굴(여)'를 선택한 뒤 [추가] 버튼을 클릭합니다.

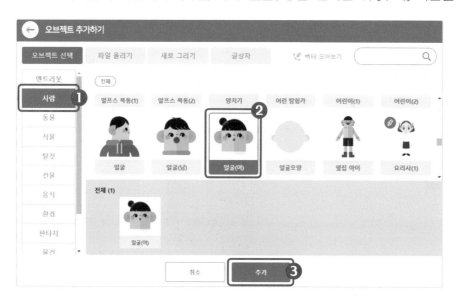

⓯ 추가된 '얼굴(여)' 오브젝트의 위치와 크기를 그대로 둡니다.

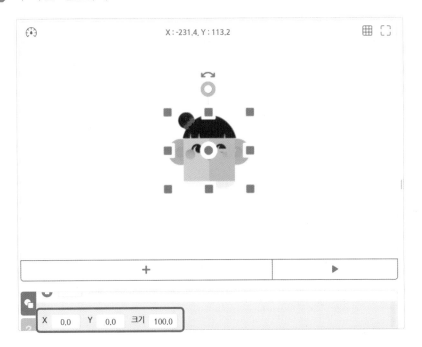

⓰ '얼굴(여)' 오브젝트를 선택한 상태에서 다음과 같이 코드를 작성합니다.

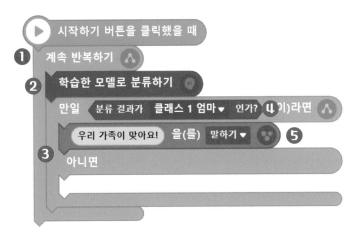

❶ [시작하기 버튼을 클릭했을 때] 아래에 〈흐름〉의 [계속 반복하기]를 연결합니다.

❷ 〈인공지능〉-〈분류: 이미지 모델〉의 [학습한 모델로 분류하기]를 연결해 새로 인식한 결과가 학습한 데이터 속에 있는지 없는지를 판단할 수 있도록 해줍니다.

❸ 〈흐름〉의 [만일 (조건)이라면, 아니면]을 그림처럼 연결합니다.

❹ (조건)에 〈인공지능〉-〈분류: 이미지 모델〉의 [분류 결과가 클래스1 엄마인가?] 블록을 넣어 줍니다.

❺ 새롭게 인식한 이미지의 결과가 엄마가 맞으면 맞다고 말할 수 있게 〈생김새〉의 [(안녕)을 말하기]를 가져와 연결하고 (안녕) 대신 (우리 가족이 맞아요!)를 입력합니다.

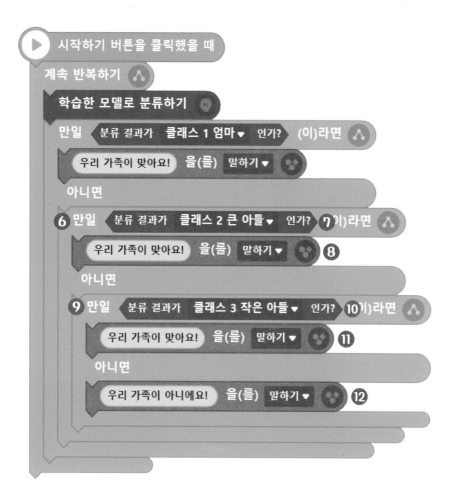

⑥ 마찬가지로 〈흐름〉의 [만일 (조건)이라면, 아니면]을 그림처럼 연결합니다.

⑦ (조건)에 〈인공지능〉-〈분류: 이미지 모델〉의 [분류 결과가 클래스2 큰 아들인가?] 블록을 넣어 줍니다.

⑧ 새롭게 인식한 이미지의 결과가 큰 아들이 맞으면 맞다고 말할 수 있게 〈생김새〉의 [(안녕)을 말하기]를 가져와 연결하고 (안녕) 대신 (우리 가족이 맞아요!)를 입력합니다.

⑨ 한 번 더 〈흐름〉의 [만일 (조건)이라면, 아니면]을 그림처럼 연결합니다.

⑩ (조건)에 〈인공지능〉-〈분류: 이미지 모델〉의 [분류 결과가 클래스3 작은 아들인가?] 블록을 넣어 줍니다.

⑪ 새롭게 인식한 이미지의 결과가 작은 아들이 맞으면 맞다고 말할 수 있게 〈생김새〉의 [(안녕)을 말하기]를 가져와 연결하고 (안녕) 대신 (우리 가족이 맞아요!)를 입력합니다.

⑫ 엄마도, 큰 아들도, 작은 아들도 아니라면 우리 가족이 아니라고 말할 수 있도록 〈생김새〉의 [(안녕)을 말하기]를 가져와 (안녕) 대신 (우리 가족이 아니에요!)를 입력합니다.

❶❼ [실행하기] 버튼을 누르면 데이터 입력창이 뜹니다. 새로운 이미지를 업로드하거나 촬영한 이미지 데이터로 우리 가족이 맞는지, 아닌지를 판단할 수 있습니다.

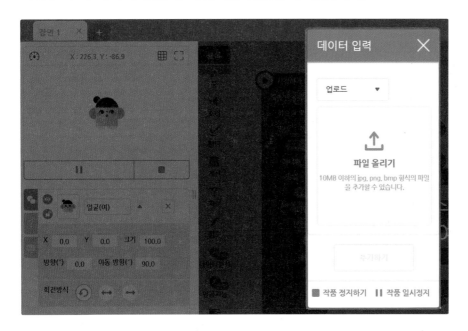

❶❽ 촬영을 선택해 카메라 앞에 섰을 때 인식한 이미지 결과로 〈우리 가족이 맞아요〉라고 판단하고 있음을 알 수 있습니다. 여러분의 가족사진으로 새로운 모델을 만들고, 우리 가족이 맞는지를 판단하는 AI 프로그램을 만들어 보세요.

❶ 우리 가족이 맞으면 보물상자가 열리는 우리 가족 판별 프로그램을 만들어 봅시다.

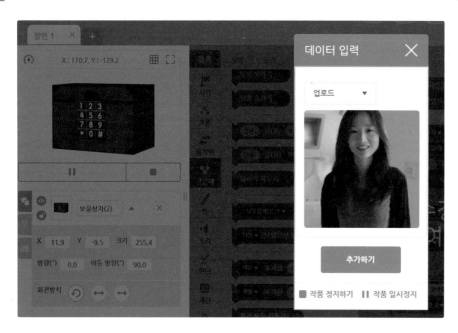

② 아래 예시 코드를 참고하여 나만의 우리 가족 판별 프로그램을 완성해 보세요.

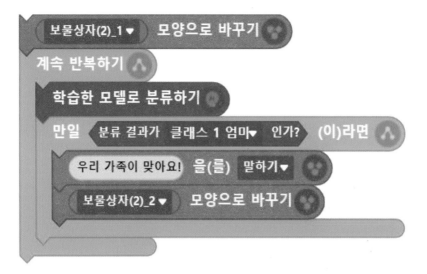

★ **참고하세요** ★

가족의 얼굴을 인식한 결과에 따라 오브젝트의 모양이 바뀌어요!

혼자 작품 만들기가 어려운 친구들은 예시 작품 링크를 참고해요!

http://naver.me/FSK9CzvP

AI로 범인도 쉽게 잡아요!

AI 기술로 범인도 쉽게 잡을 수 있다고요? 중국의 한 스타트업이 개발한 딥글린트라는 AI 프로그램이 장기간 수사망을 피해 도망 다닌 범죄자를 찾는 데 큰 역할을 하고 있습니다. 3차원 이미지 분석과 패턴 인식 기술을 활용해 50m 떨어진 사람이나 차량 등의 이미지를 정확하게 인식하는 AI 기술 덕분이라고 합니다. 이런 AI의 얼굴 인식 기술은 범인을 잡는 것에 그치지 않고 잃어버린 가족을 찾는 데도 큰 도움을 주고 있습니다.

중국의 텐센트 그룹이 개발한 AI 시스템인 요우투는 시간이 지난 후 사람의 눈, 코, 귀 등의 위치와 모양이 어떻게 변화할지 정확하게 예측해 주는 AI 프로그램입니다. 이 요우투의 도움으로 잃어버린 아이, 즉 미아를 찾은 사례가 무려 600여 건에 달한다고 해요. 가족을 잃고 슬퍼하는 사람들에게는 정말 획기적인 소식이 아닐 수 없습니다.

이번 활동에서 여러분이 직접 만들어 본 우리 가족의 얼굴을 판별해 주는 AI 프로그램을 응용한다면 좀 더 멋진 작품을 만들 수 있지 않을까요? 우리 가족에게만 문이 열리는 AI 잠금장치 프로그램이나 우리 가족이 집에 왔을 때 알람으로 알려 주는 프로그램 등 만들 수 있는 작품 아이디어가 무궁무진할 것 같아요. 자, 그럼 다시 한번 멋진 프로그램을 만들어 볼까요?

얼굴로 출석 체크해요!

엔트리의 모델 학습하기를 활용해 학습한 이미지를 토대로 우리 반 친구들의 얼굴로 출석하는 프로그램을 만들어요.

수업 길잡이

난이도 ★★★★☆
소요시간 30분 이상
학습영역 인공지능/
머신러닝
준비물 PC 또는 노트북,
사이트 주소 알기
(https://playentry.org/)

AI 프로그래밍을 준비해요!

활동 목표
이미지 모델 학습 방법을 알고 우리 반
친구들의 얼굴을 구분해 출석을 확인하는
프로그램 만들기

활동 약속
사진을 모을 때는 사전에 동의를 구하기

성취기준을 달성해요!

수업 활동
[6실04-10] 자료를 입력하고 필요한 처리를
수행한 후 결과를 출력하는 단순한 프로그램을
설계한다.

K11-12 : 인공지능이 많은 소프트웨어 및
물리적 시스템을 어떻게 운영하는지 설명한다.
(K12 CSS)

이 놀이는

머신러닝

엔트리의 [모델 학습하기]를 활용해 우리 반 친구들의 얼굴 사진을 학습시켜 얼굴로 출석을 확인하는
프로그램을 만들어 보는 활동입니다. 인공지능의 머신러닝 알고리즘이 어떤 원리로 이루어지는지 알고
이를 통해 다양한 인공지능 프로그램을 만들어 볼 수 있습니다.

① 활동을 시작하기 전에 내 컴퓨터 또는 클라우드에 반 친구들의 얼굴 사진을 폴더별로 모아 둡니다. 필요한 데이터를 미리 수집해 두는 것이 좋습니다. 여기서는 동물 사진으로 친구 얼굴 사진을 대신합니다.

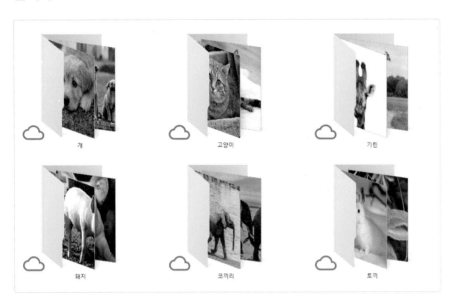

② 〈인공지능〉 카테고리에 인공지능 [모델 학습하기]를 클릭합니다.

❸ 어떤 유형의 데이터를 이용해 학습할지를 결정해야 합니다. 친구의 얼굴 사진을 활용해 학습할 예정이기 때문에 [분류: 이미지], [분류: 텍스트], [분류: 음성], [분류: 숫자], [예측: 숫자], [군집: 숫자] 중 [분류: 이미지]를 선택합니다.

❹ 머신러닝 모델을 만들기 위한 첫 번째 단계입니다.

❶ 새로운 모델에 마우스 커서를 대고 "얼굴 출석부"라는 모델의 이름을 입력합니다.

❷ 데이터 입력의 '클래스 1' 옆에 "토끼"라고 입력합니다.

❸ 토끼 친구의 얼굴 사진을 모으기 위해 [파일 올리기]를 클릭하고 사진을 업로드합니다.

❺ '클래스 2' 옆에 "코끼리"라고 입력하고 코끼리 친구 사진 데이터를 업로드합니다. 다른 친구의 얼굴 사진도 학습시켜야 하므로 [클래스 추가하기] 버튼을 클릭합니다. 그리고 다음과 같이 '클래스 3'에 "돼지", '클래스 4'에 "고양이", '클래스 5'에 "개" 등 순서대로 추가합니다. 여러분은 각 친구의 얼굴 사진을 업로드하고 클래스에 친구의 이름을 입력하면 됩니다.

6 클래스를 모두 추가했다면 학습의 [모델 학습하기]를 클릭합니다.

7 학습을 완료했다는 메시지가 나오면 사진을 업로드하거나 촬영하여 인식 결과를 확인합니다. 예시에서는 기린임을 정확하게 인식하고 있습니다. 여러분들은 친구의 얼굴을 바로 촬영하여 그 친구의 이름이 결과로 나오는지 확인하면 됩니다. (결과값이 책에 있는 수치와 조금 다르게 나타나도 괜찮습니다. 단, 결과가 다른 클래스로 나타날 경우에는 머신러닝 모델에 데이터를 더 많이 학습시키거나 결과에 다른 이미지를 사용해서 진행합니다.)

⑧ 학습이 완료된 모델을 활용해 프로그램을 만들기 위해 [적용하기] 버튼을 클릭합니다.

⑨ 학습하여 만든 모델과 관련된 블록들이 추가된 것을 확인할 수 있습니다.

⑩ '엔트리봇' 오브젝트를 선택한 상태에서 [X] 버튼을 눌러 오브젝트를 삭제하고, [+] 버튼을 눌러 새로운 오브젝트를 추가합니다. 글상자를 클릭한 뒤 "동물학교 얼굴 출석부"라고 입력하고 [적용하기] 버튼을 클릭합니다. 여러분은 "우리 반 얼굴 출석부"라고 입력해도 좋습니다.

⑪ 계속해서 오브젝트 추가하기를 눌러 [파일 올리기]에서 각 동물 친구의 얼굴 사진을 하나씩 추가합니다. 여러분은 친구들의 얼굴 사진 중 한 장씩을 골라 추가하면 됩니다.

⓬ 오브젝트 선택에서 "물음표"를 검색해 나오는 오브젝트 중 '물음표 버튼'을 선택해 [추가] 버튼을 누릅니다.

⓭ 보기 예시처럼 '글상자' 오브젝트와 각 동물 친구의 얼굴 사진 오브젝트 그리고 '물음표 버튼' 오브젝트까지 적당한 위치에 배치합니다.

⑭ '물음표 버튼' 오브젝트를 선택한 상태에서 다음과 같이 코드를 작성합니다.

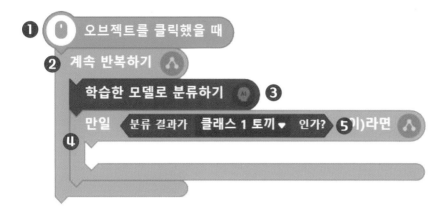

❶ 〈시작〉의 [오브젝트를 클릭했을 때] 블록을 가져옵니다.

❷ 〈흐름〉의 [계속 반복하기] 블록을 가져와 연결합니다.

❸ 〈인공지능〉–〈분류: 이미지 모델〉의 [학습한 모델로 분류하기] 블록을 넣어 줍니다.

❹ 〈흐름〉의 [만일 (조건)이라면] 블록을 가져와 연결합니다.

❺ (조건)에 〈인공지능〉–〈분류: 이미지 모델〉의 [분류 결과가 클래스1 토끼인가?]를 넣어 줍니다.

⑮ 〈속성〉에서 [신호]를 클릭한 뒤 [신호 추가하기]를 누릅니다. 각 동물의 이름으로 [고양이 출석], [토끼 출석], [돼지 출석], [개 출석] 등 신호를 만들어 줍니다. 여러분은 친구의 이름으로 신호를 만들면 됩니다.

⓰ 다음과 같이 코드를 완성합니다. 여러분의 경우는 친구의 이름으로 각각 신호를 만들었으므로 그에 해당하는 신호를 보내도록 코드를 작성합니다.

❶ [분류 결과가 클래스1 토끼인가?]가 참이라면 [토끼 출석] 신호를 보낼 수 있도록 [토끼 출석 신호 보내기] 블록을 넣어 줍니다.

❷ [분류 결과가 클래스2 코끼리인가?]가 참이라면 [코끼리 출석] 신호를 보낼 수 있도록 [코끼리 출석 신호 보내기] 블록을 넣어 줍니다.

❸ [분류 결과가 클래스3 돼지인가?]가 참이라면 [돼지 출석] 신호를 보낼 수 있도록 [돼지 출석 신호 보내기] 블록을 넣어 줍니다.

❹ [분류 결과가 클래스4 고양이인가?]가 참이라면 [고양이 출석] 신호를 보낼 수 있도록 [고양이 출석 신호 보내기] 블록을 넣어 줍니다.

❺와 ❻도 마찬가지로 코드를 작성합니다.

⑰ 〈인공지능〉 카테고리의 [인공지능 블록 불러오기]를 클릭한 뒤 [읽어주기]를 선택하고 [추가] 버튼을 누릅니다.

⑱ '토끼' 오브젝트를 클릭하고 다음과 같이 코드를 작성합니다. 다른 동물 친구의 오브젝트를 선택한 뒤 각각 동일한 코드를 작성합니다.

⑲ [실행하기] 버튼을 누릅니다. 데이터 입력창이 뜨면 동물 친구 얼굴 사진을 업로드하거나 직접 촬영하여 추가합니다. 얼굴을 인식하여 출석 체크가 되는지 확인해 보세요. 여러분은 친구의 얼굴을 직접 촬영하여 출석이 되는지 확인하면 됩니다.

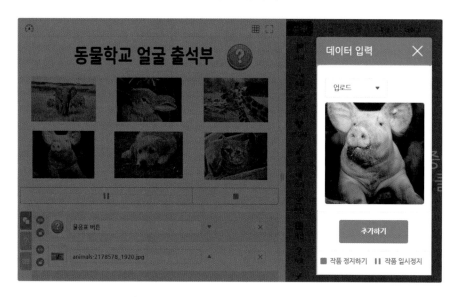

⑳ 얼굴 출석이 된 동물 친구들의 오브젝트 위로 〈돼지 출석 완료!〉 등과 같은 메시지가 나타납니다. 이런 과정을 거쳐 출석한 동물 친구들의 명단을 확인할 수 있습니다.

1 얼굴 인식으로 출석한 동물 친구의 오브젝트 옆에 〈출석〉 글자가 보이도록 하는 프로그램을 만들어 봅시다.

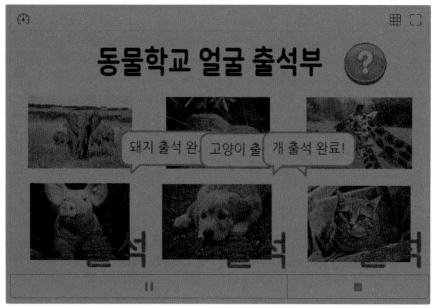

❷ 아래 예시 코드를 참고하여 나만의 얼굴 출석부 프로그램을 완성해 보세요.

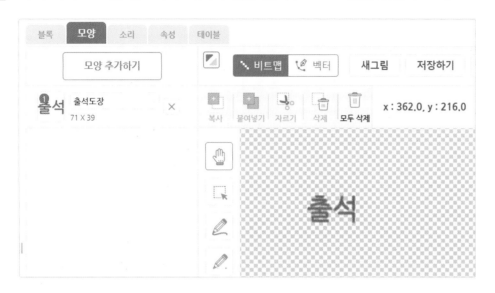

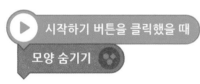

━━ ★ 참고하세요 ★ ━━━

얼굴로 출석하고, 출석이 표시되는 AI 출석부를 만들 수 있어요.

혼자 작품 만들기가 어려운 친구들은 예시 작품 링크를 참고해요!

* 오류가 있다는 메시지가 뜨거나 학습하기 블록에서 "대상없음"이라고 뜨는 경우, 〈리메이크하기〉로 들어가
  인공지능 모델 학습하기에서 직접 동물 얼굴 사진을 업로드하거나 촬영으로 데이터를 넣어서 다시 학습
  시켜 보세요.

http://naver.me/xXQfrGbx

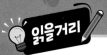

텍스트 모델, 음성 모델도 만들어요!

앞의 두 활동에서 이미지 모델 학습하기를 이용해 내 가족의 얼굴을 구분해 알려 주기도 하고, 친구의 얼굴을 확인해 출석했는지 안 했는지를 판단하는 멋진 프로그램을 만들어 보았습니다. 엔트리에서 〈모델 학습하기〉로 여러분이 직접 수집한 이미지 데이터를 학습시켜 어떤 일을 할 수 있는 프로그램을 만들어 본 소감이 어떤가요? 기계를 학습시켜 우리 생활에 도움이 되는 멋진 AI 프로그램을 만들어 볼 수 있다는 사실이 놀랍지요?

그런데 앞으로는 이미지뿐 아니라 텍스트와 음성 데이터를 학습시켜 이와 같은 AI 프로그램을 만들 수 있다고 해요. 텍스트를 학습시켜 입력한 단어나 문장이 좋은 의미인지 아닌지를 판별하거나, 욕설이나 비방하는 말 등은 걸러 주는 프로그램도 만들 수 있지요. 또 음성 데이터를 활용해 울음소리인지, 웃음소리인지를 판단할 수도 있고, 어떤 특정한 소리에 따라 오브젝트가 움직이거나 어떤 일을 수행하게 만들 수도 있지요.

여러분이 이 책을 보고 있을 때쯤 또는 조만간 텍스트 데이터와 음성 데이터를 활용한 AI 프로그램을 만들 수 있다고 하니 조금만 더 기다려 볼까요? 하는 방법은 이미지 모델 학습하기와 크게 차이가 없으므로 우리 친구들 스스로 멋지게 한번 만들어 보세요.

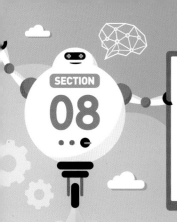

내가 스마트폰 중독자?

엔트리의 데이터를 활용해 스마트폰 1일 평균 이용횟수 관련 데이터를 확인하고
내가 스마트폰 중독자인지 알아보는 프로그램을 만들어요.

수업 길잡이

난이도 ★★★☆☆
소요시간 10분 이상
학습영역 데이터 과학/
데이터 분석
준비물 PC 또는 노트북,
사이트 주소 알기
(https://playentry.org/)

AI 프로그래밍을 준비해요!

활동 목표
데이터분석 블록을 살펴보고 스마트폰 중독
자가진단 프로그램 만들기

활동 약속
데이터분석 블록 살펴보기

성취기준을 달성해요!

수업 활동
[6실04-10] 자료를 입력하고 필요한 처리를
수행한 후 결과를 출력하는 단순한 프로그램을
설계한다.

K11-12 : 인공지능이 많은 소프트웨어 및
물리적 시스템을 어떻게 운영하는지 설명한다.
(K12 CSS)

이 놀이는

엔트리의 데이터분석 블록을 살펴보고 엔트리의 데이터를 활용해 스마트폰 중독 자가진단 프로그램을
만들어 보는 활동입니다. 이를 통해 데이터를 활용해 우리 생활에 도움을 주는 프로그램을 만들 수 있
음을 알 수 있습니다.

데이터 분석

데이터 활용 프로그램을 만들어요!

❶ 〈데이터분석〉 카테고리를 클릭한 후 [데이터 불러오기] 버튼을 누릅니다.

❷ [테이블 추가하기]를 클릭한 후 엔트리에 있는 데이터를 활용하기 위해 〈테이블 선택〉을 클릭합니다. 그리고 여러 데이터 중 [일평균 스마트폰 이용횟수]를 선택한 뒤 [추가] 버튼을 클릭합니다.

★ 참고하세요 | 어떤 데이터인가요?

학령(유치원, 초등, 중등)별로 스마트폰을 주중 그리고 주말에 사용하는 횟수와 스마트폰에 중독된 학생이 어느 정도 비율을 차지하는지 나타내는 통계입니다. 주중 평균과 주말 평균의 횟수를 단위로 나타내고 있습니다.

❸ [일평균 스마트폰 이용횟수] 테이블이 추가된 것을 확인할 수 있습니다.

❹ 정보를 클릭하면 이 테이블에 대한 간단한 요약과 평균, 표준 편차, 최댓값, 중간값, 최솟값 등을
확인할 수 있습니다. 예를 들어 2016년과 2017년 우리나라 유치원, 초/중/고등학생의 주중 평균 스
마트폰 이용 횟수는 19.72, 주말 평균 이용 횟수는 28.45임을 알 수 있습니다.

⑤ 테이블 옆에 차트를 클릭하면 자동으로 막대 그래프가 선택되면서 본 테이블에 대한 차트가 표현됩니다. 가로축은 〈연도 및 학령〉이, 계열의 값은 〈주중 평균〉과 〈주말 평균〉이 선택된 상태입니다. 필요에 따라 가로축의 값과 계열의 값은 다르게 선택할 수 있습니다.

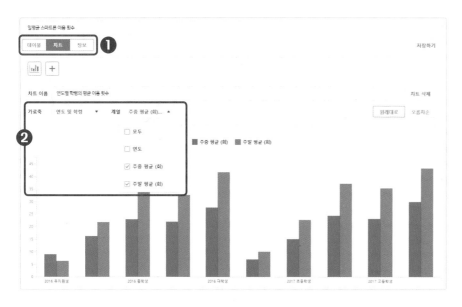

⑥ [저장하기] 버튼을 누르고 왼쪽 상단의 테이블 불러오기 왼쪽의 [X] 버튼을 눌러 본래의 화면으로 돌아갑니다.

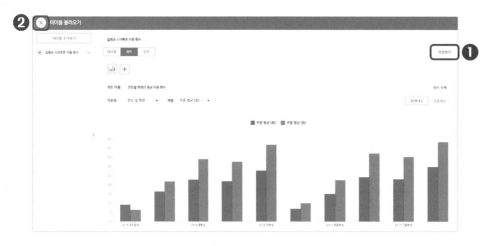

데이터 활용 프로그램을 만들어요!

⑦ 아까는 보이지 않던 데이터분석 블록이 보이는 것을 확인할 수 있습니다.

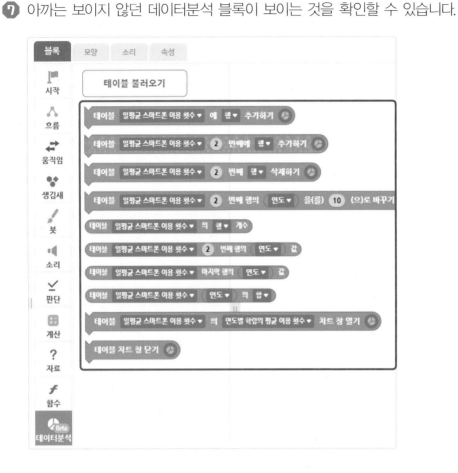

⑧ 기존의 '엔트리봇' 오브젝트는 삭제합니다. 오브젝트 추가하기에서 오브젝트 선택을 클릭해 〈인터페이스〉의 '스마트폰'을 선택한 뒤 [추가] 버튼을 누릅니다.

⑨ 이외에도 〈사람〉의 '얼굴(남)', 〈인터페이스〉의 '물음표 버튼', 〈물건〉의 '결과 확인 버튼'을 선택한 뒤 [추가] 버튼을 누릅니다.

⑩ '얼굴(남)'과 '스마트폰', '물음표 버튼'과 '결과 확인 버튼' 오브젝트를 적당한 크기로 조절하여 다음 예시와 같이 화면에 배치합니다.

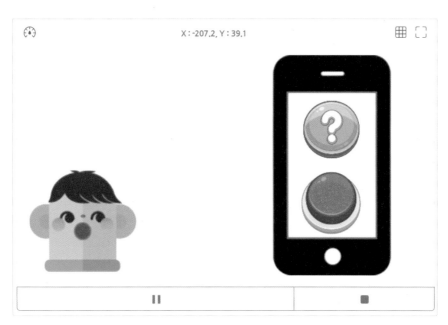

⑪ '얼굴(남)'을 선택한 상태에서 다음과 코드를 작성합니다.

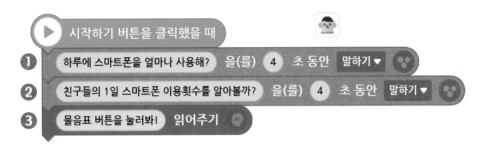

❶ [시작하기 버튼을 클릭했을 때] 블록 아래에 〈생김새〉의 [(안녕)을 (4)초 동안 말하기] 블록을 연결한 뒤 (안녕) 대신에 (하루에 스마트폰을 얼마나 사용해?)를 입력합니다.

❷ 다시 〈생김새〉의 [(안녕)을 (4)초 동안 말하기] 블록을 하나 더 연결한 뒤 (안녕) 대신에 (친구들의 1일 스마트폰 이용횟수를 알아볼까?)를 입력합니다.

❸ 〈인공지능〉 카테고리에서 [인공지능 블록 불러오기] 버튼을 클릭한 후 [읽어주기]를 추가합니다. 그리고 [(엔트리) 읽어주기] 블록을 가져와 연결하고, (엔트리) 대신 (물음표 버튼을 눌러봐)를 입력합니다.

⑫ '물음표 버튼' 오브젝트를 선택한 상태에서 다음과 같이 코드를 작성합니다.

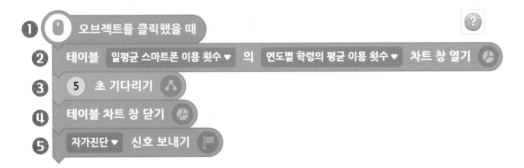

❶ 〈시작〉의 [오브젝트를 클릭했을 때] 블록을 가져옵니다.

❷ 〈데이터분석〉의 [테이블 (일평균 스마트폰 이용 횟수)의 (연도별 학령의 평균 이용횟수)] 차트 창 열기]를 연결합니다.

❸ 〈흐름〉의 [(2)초 기다리기]를 가져와 연결하고 (2)초를 (5)초로 바꿔 줍니다.

❹ 〈데이터분석〉의 [테이블 차트 창 닫기]를 연결합니다.

❺ 〈속성〉 카테고리에서 [신호]를 선택하고 [신호 추가하기]를 클릭한 후 [자가진단] 신호를 만들어 줍니다. 그리고 〈시작〉의 [(자가진단) 신호 보내기] 블록을 연결합니다.

⑬ 다시 '얼굴(남)' 오브젝트를 선택한 뒤 다음과 같이 코드를 작성합니다.

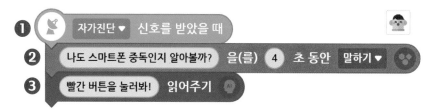

❶ 〈시작〉의 [(자가진단) 신호를 받았을 때] 블록을 가져옵니다.

❷ 〈생김새〉의 [(안녕)을 (4)초 동안 말하기] 블록을 연결하고, (안녕) 대신에 (나도 스마트폰 중독인지 알아볼까?)를 입력합니다.

❸ 〈인공지능〉–〈읽어주기〉의 [(엔트리) 읽어주기] 블록을 연결하고 (엔트리) 대신에 (빨간 버튼을 눌러 봐!)를 입력합니다.

⑭ '결과 확인 버튼' 오브젝트를 선택한 뒤 다음과 같이 코드를 작성합니다.

❶ 〈시작〉의 [오브젝트를 클릭했을 때] 블록을 가져옵니다.

❷ 자가진단하는 장면으로 넘어가기 위해 〈시작〉의 [다음 장면 시작하기] 블록을 연결해 줍니다.

⓯ 〈장면1〉 옆에 있는 [+] 버튼을 눌러 〈장면2〉를 추가합니다. 그리고 '글상자' 오브젝트를 추가해 "스마트폰 중독 자가진단"이라고 쓰고, '얼굴(남)' 오브젝트도 추가해 적당한 위치에 배치합니다.

⑯ 〈장면2〉의 '얼굴(남)' 오브젝트를 선택한 상태에서 다음과 같이 코드를 작성합니다.

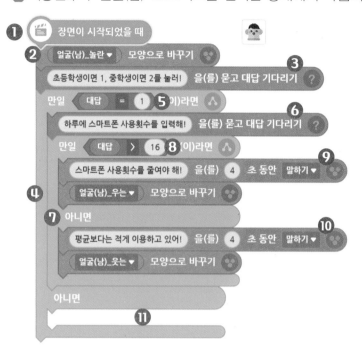

❶ 〈시작〉의 [장면이 시작되었을 때] 블록을 가져옵니다.

❷ 〈생김새〉의 [(얼굴(남)_놀란) 모양으로 바꾸기] 블록을 연결합니다.

❸ 〈자료〉의 [(안녕)을 묻고 대답 기다리기] 블록을 연결하고, (안녕) 대신에 (초등학생이면 1, 중학생이면 2를 눌러!)를 입력합니다.

❹ 〈흐름〉의 [만일 (조건)이라면, 아니면]을 가져와 연결합니다.

❺ (조건)에 〈판단〉의 [(10)=(10)]을 넣고 왼쪽 (10)에는 〈자료〉의 [대답] 블록을, 오른쪽 (10)에는 숫자 (1)을 입력합니다.

❻ 대답이 (1)인 경우, 즉 초등학생인 경우 다시 〈자료〉의 [(안녕)을 묻고 대답 기다리기] 블록을 연결하고, (안녕) 대신에 (하루 스마트폰 사용횟수를 입력해!)를 입력합니다.

❼ 다시 〈흐름〉의 [만일 (조건)이라면, 아니면]을 가져와 연결합니다.

❽ (조건)에 〈판단〉의 [(10)>(10)]을 넣고 왼쪽 (10)에는 〈자료〉의 [대답] 블록을, 오른쪽 (10)에는 숫자 (16)을 입력합니다.

❾ 대답으로 입력된 값이 16 이상이면 평균보다 크다고 생각할 수 있으므로 〈생김새〉의 [(안녕)을 (4)초동안 말하기]를 가져온 뒤 (안녕) 대신에 (스마트폰 사용횟수를 줄여야 해!)를 입력합니다. 그리고 〈생김새〉의 [(얼굴(남)_우는) 모양으로 바꾸기] 블록을 연결합니다.

❿ ❾과 마찬가지로 블록을 넣고 그림처럼 입력값을 바꿔 줍니다.

★ 참고하세요 | 어떻게 기준을 잡나요?

초등학생의 스마트폰 1일 사용횟수 평균 2016년 16.3, 2017년 15이므로 기준을 15에서 16 정도로 잡을 수 있어요!

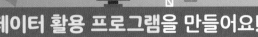
⑰ 앞의 코드에서 ⑪ 아니면 아래 코드를 다음과 같이 작성합니다.

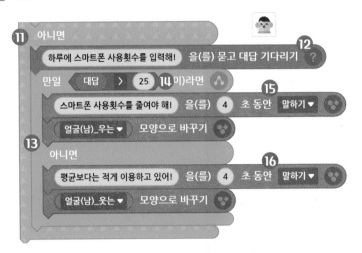

⑫ 대답이 (2)인 경우, 즉 중학생인 경우 다시 〈자료〉의 [(안녕)을 묻고 대답 기다리기] 블록을 연결하고, (안녕) 대신에 (하루 스마트폰 사용횟수를 입력해!)를 입력합니다.

⑬ 다시 〈흐름〉의 [만일 (조건)이라면, 아니면]을 가져와 연결합니다.

⑭ (조건)에 〈판단〉의 [(10)>(10)]을 넣고 왼쪽 (10)에는 〈자료〉의 [대답] 블록을, 오른쪽 (10)에는 숫자 (25)를 입력합니다.

⑮ 대답으로 입력된 값이 25 이상이면 평균보다 크다고 생각할 수 있으므로 〈생김새〉의 [(안녕)을 (4)초 동안 말하기]를 가져온 뒤 (안녕) 대신에 (스마트폰 사용횟수를 줄여야 해!)를 입력합니다. 그리고 〈생김새〉의 [얼굴(남)_우는) 모양으로 바꾸기] 블록을 연결합니다.

⑯ ⑮와 마찬가지로 블록을 넣고 그림처럼 입력값을 바꿔 줍니다.

★ 참고하세요 │ 어떻게 기준을 잡나요?

중학생의 스마트폰 1일 사용횟수 평균 2016년 22.9, 2017년 24.3이므로 기준을 24에서 25 정도로 잡을 수 있어요!

⑱ 〈장면1〉로 돌아가 '얼굴(남)' 오브젝트를 선택한 상태에서 다음과 같이 코드를 작성합니다.

❶ 〈시작〉의 [시작하기 버튼을 클릭했을 때] 블록을 가져옵니다.

❷ 〈자료〉의 [(대답) 숨기기] 블록을 연결해 〈장면1〉에서 대답 창이 보이지 않도록 합니다.

⑲ [실행하기]를 눌러 프로그램이 잘 실행되는지 확인해 봅시다.

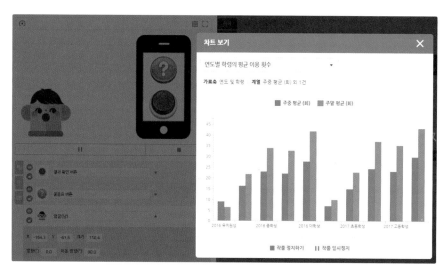

나만의 스마트폰 중독 자가진단 프로그램을 만들어요!

① 자기진단을 할 때 학령별 주중 평균(회)을 말해 주는 프로그램을 만들어 봅시다.

② 아래 예시 코드를 참고하여 나만의 스마트폰 중독 자가진단 프로그램을 완성해 보세요.

```
장면이 시작되었을 때
학령별 주중평균(회)을 알고 싶으면 클릭해! 을(를) 4 초 동안 말하기 ▼

오브젝트를 클릭했을 때
N ▼ 를 2 (으)로 정하기
N ▼ 값 > 11 이 될 때까지 ▼ 반복하기
테이블 일평균 스마트폰 이용 횟수 ▼ N ▼ 값 번째 행의 연도 및 학령 ▼ 값 + 테이블 일평균 스마트폰 이용 횟수 ▼ N ▼ 값 번째 행의 주중 평균 (회) 값 을(를) 말하기 ▼
1 초 기다리기
N ▼ 에 1 만큼 더하기
```

★ 참고하세요 ★

〈속성〉에서 변수를 추가해요!

혼자 작품 만들기가 어려운 친구들은 예시 작품 링크를 참고해요!

http://naver.me/GdW582bY

최초의 데이터 분석가, 나이팅게일

백의의 천사라 불리는 나이팅게일에 대해 알고 있나요? 간호사를 꿈꾸는 친구들에게 나이팅게일은 아주 유명한 사람이지요. 영국의 간호사로 크림(Krym) 전쟁 때 헌신적인 간호 활동은 물론 부상이 중한 환자의 경우 따로 격리하여 집중 관리하는 집중치료실의 개념을 처음 제안한 것으로도 잘 알려져 있습니다. 그런 나이팅게일이 간호사이자 통계학자라는 사실을 아는 사람은 많지 않습니다. 여성 최초로 영국왕립통계학회 회원이었다고 해요.

나이팅게일의 눈에 전쟁으로 죽어가는 병사보다 전염병으로 죽는 병사의 수가 더 많다는 점은 이상했어요. 즉, 전쟁보다 전염병이 더 무서운 적이라고 생각했죠. 그리고 그 원인이 병원의 위생 상태 때문임을 알게 되었어요. 하지만 전쟁 중에 아무도 병원의 위생 상태에는 신경을 쓰지 않았지요. 그래서 나이팅게일은 이들을 설득하기 위해 데이터를 수집하고 분석했어요. 입원과 퇴원 상황, 사망자 수, 사망 원인 등을 정리하고, 환자의 60% 이상 되는 사망률을 위생 상태를 개선했을 때 2%까지 떨어트릴 수 있음을 밝혀냈죠. 이런 노력이 군 당국을 설득하게 되었고 그녀는 영구군 전쟁지역 전체의 병원 간호를 책임지게 되었어요. 결국 수많은 생명들을 살릴 수 있게 된 것이죠.

앞의 활동에서 학령별 스마트폰 1일 평균 이용횟수를 데이터로 확인하고 나의 사용 정도를 생각해 보면 내가 스마트폰 중독인지 아닌지를 쉽게 파악할 수 있어요. 그리고 스스로 중독임을 인지했을 때 행동의 변화를 가지고 올 수 있지요. 어떤 근거 없이 스마트폰 사용을 줄이라고 말하기보다 이런 데이터를 근거로 이야기했을 때 상대방을 설득하기 훨씬 더 쉬워지지요. 이것이 바로 데이터가 가진 힘이랍니다.

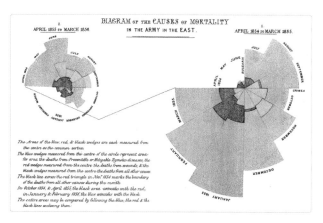

이미지 출처 : 위키피아

블로그 분석으로 트렌드를 읽어요!

엔트리의 데이터를 활용해 성별, 연령별 블로그 사용자 분포 데이터를 확인하고 어떤 트렌드가 유행하고 있는지 알아보는 프로그램을 만들어요.

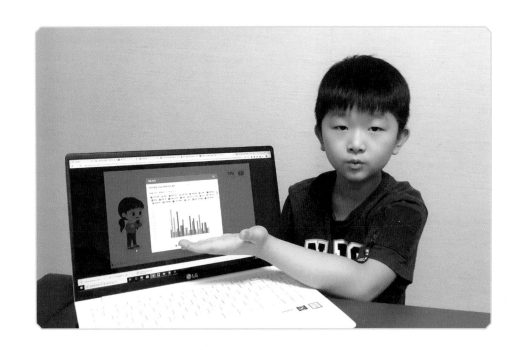

수업 길잡이

난이도 ★★★☆☆
소요시간 20분 이상
학습영역 데이터 과학/
데이터 분석
준비물 PC 또는 노트북,
사이트 주소 알기
(https://playentry.org/)

AI 프로그래밍을 준비해요!

활동 목표
블로그 사용자 분포 데이터를 분석하고, 사람들이 좋아하는 트렌드를 알아보는 프로그램 만들기

활동 약속
데이터의 전처리 과정 살펴보기

성취기준을 달성해요!

수업 활동
[6실04-10] 자료를 입력하고 필요한 처리를 수행한 후 결과를 출력하는 단순한 프로그램을 설계한다.

K11-12 : 인공지능이 많은 소프트웨어 및 물리적 시스템을 어떻게 운영하는지 설명한다. (K12 CSS)

이 놀이는

데이터 분석 및 처리

엔트리의 데이터를 활용한 연령별, 성별 블로그 사용자 분석을 통해 사람들이 좋아하는 핫 트렌드를 파악하는 프로그램을 만들어 보는 활동입니다. 이를 통해 기업에서 소비자의 트렌드를 어떻게 읽고, 이를 마케팅에 어떻게 활용하는지 이해할 수 있습니다.

❶ 〈데이터분석〉 카테고리를 클릭한 후 [테이블 불러오기] 버튼을 누릅니다.

❷ [테이블 추가하기]를 클릭한 후 엔트리에 있는 데이터를 활용하기 위해 〈테이블 선택〉을 클릭합니다. 그리고 여러 데이터 중 [네이버 블로그 성별/연령별 사용자 분포]를 선택한 뒤 [추가] 버튼을 클릭합니다.

★ 참고하세요 ┆ 어떤 데이터인가요?

성별, 연령별 분포는 블로그 게시글 주제별 전체 조회수를 기준으로 각 연령과 성별에서 차지하는 비율로 각 주제별 게시글 중 조회수가 가장 많은 상위 1천 개에 대한 평균 데이터입니다. 이를 통해 각 연령별로 어떤 주제에 관심이 많은지, 성별의 차이는 있는지 살펴볼 수 있습니다. 성별, 연령별로 게시글 주제에 따른 선호도가 달라지는 이유를 생각해 보세요!

❸ [네이버 블로그 성별/연령별 사용자 분포] 테이블이 추가된 것을 확인할 수 있습니다.

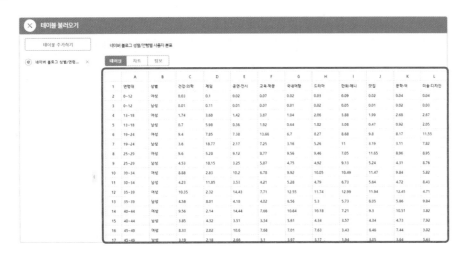

❹ 테이블을 보면 네이버 블로그 성별/연령별 사용자 분포도가 주제별로 정리되어 있음을 확인할 수 있습니다. 예를 들어 게임에서는 19~24세 남성이 가장 큰 선호도를 보이고 있습니다. 하지만 주제도 다양하고 60세 이상까지 데이터가 있어 방대한 데이터를 모두 다 읽고 분석하기가 불편함을 느낄 수 있습니다.

⑤ 꼭 필요한 데이터만 남기고 불필요한 데이터는 삭제하도록 합니다. 예를 들어 십대들의 선호도만을 분석하고 싶다고 할 때 행을 선택한 상태에서 마우스 오른쪽 버튼을 눌러 나머지 20대부터 60대까지의 데이터는 모두 삭제합니다. 마찬가지로 주제 역시 관심 있는 주제가 있는 열만 남기고 나머지는 삭제합니다. 예시에서는 0~12세를 초등학생, 13~18세를 중등학생, 19~24세를 대학생이라 보고 남성만을 먼저 선택해 이들의 데이터만 가지고 트렌드 분석을 해보겠습니다.

네이버 블로그 성별/연령별 사용자 분포		
No.	연령대	성별
1	0~12	여성
2	0~12	남성
3	13~18	여성
4	13~18	남성
5	19~24	여성
6	위에 행 추가하기	남성
7		여성
8	아래에 행 추가하기	남성
9	행 삭제하기 ❶	여성

건강·의학	게임	공연·전시
0.03	왼쪽에 열 추가하기	0.02
0.01	오른쪽에 열 추가하기	0.01
1.74	이름 바꾸기	1.42
0.7	열 삭제 ❷	0.36
9.4	7.85	7.38
3.6	18.77	2.17
9.6	5.28	9.12
4.53	18.15	3.25
8.88	2.83	10.2

⑥ 테이블 옆에 차트를 클릭하면 빈 화면이 나옵니다. [+] 버튼을 누르면 막대, 선, 원, 점, 히스토그램 그래프를 선택해 추가할 수 있습니다. 이번 데이터의 경우 연령에 따라 주제별 선호도가 어떻게 변하고 있는지 변화 추세를 알아보기 위해 선 그래프를 선택합니다.

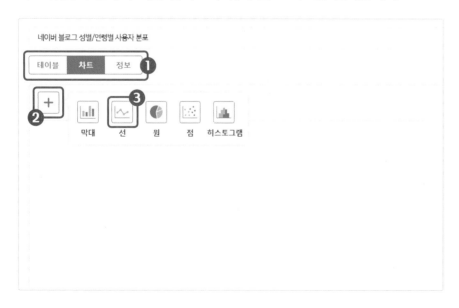

⑦ 선 그래프를 선택한 후 다음과 같이 처리합니다.

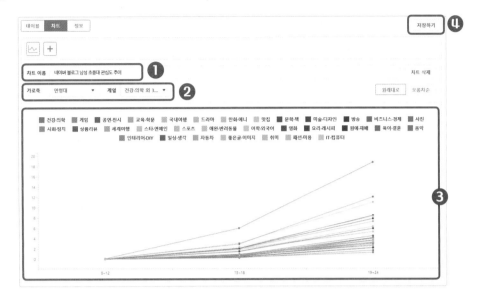

① 차트의 제목을 "네이버 블로그 남성 초중대 관심도 추이"로 바꿔 줍니다.

② 아래에 가로축과 계열을 각각 선택해야 합니다. 여기서는 가로축을 〈연령대〉, 계열은 〈모두〉로 정합니다.

③ 선 그래프로 표현된 것을 확인할 수 있습니다.

④ 상단의 [저장하기] 버튼을 클릭합니다.

⑧ 다시 테이블 추가를 똑같이 한 후에 이번에는 0~12세를 초등학생, 13~18세를 중등학생, 19~24세를 대학생이라 보고 여성만을 선택해 마찬가지로 선 그래프로 표현해 저장합니다.

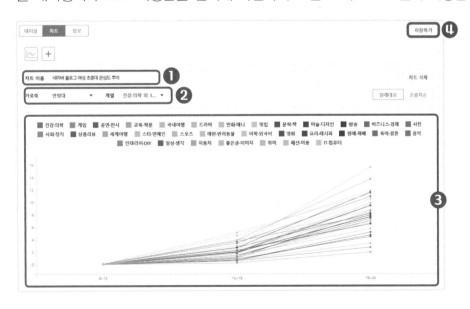

❾ 2개의 차트를 저장했으므로 테이블에 2개의 데이터가 추가된 모습을 볼 수 있습니다. 테이블의 이름은 원 데이터의 이름으로 자동 저장되어 있으므로 수정한 데이터의 이름을 각각 "네이버 블로그 남성 초중대 관심도 추이"와 "네이버 블로그 여성 초중대 관심도 추이"로 수정합니다. 이름을 수정하지 않으면 프로그램을 작성할 때 헷갈릴 수 있습니다.

❿ 다시 원 데이터를 추가하여 필요한 행만 남기고 나머지는 삭제하기를 반복합니다. 초등학생, 중등학생, 대학생을 성별로 나누어 모두 6개의 데이터로 쪼개 각각 막대 그래프로 변환합니다.

– 이전에 원 데이터를 선 그래프로 표현했던 〈네이버 블로그 남성 초중대 관심도 추이〉와 〈네이버 블로그 여성 초중대 관심도 추이〉 데이터 외에 막대 그래프로 표현한 〈네이버 블로그 초_여학생〉, 〈네이버 블로그 초_남학생〉, 〈네이버 블로그 중_여학생〉, 〈네이버 블로그 중_남학생〉, 〈네이버 블로그 대_여학생〉, 〈네이버 블로그 대_남학생〉이 만들어져야 합니다.

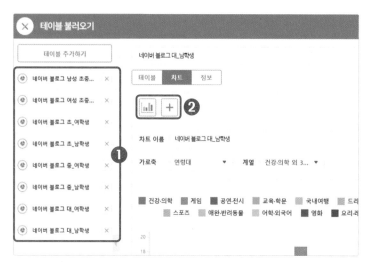

⑪ 아까는 보이지 않던 데이터분석 블록이 보이는 것을 확인할 수 있습니다.

⑫ 기존 '엔트리봇' 오브젝트는 삭제하고 '선생님(2)' 오브젝트와 '뉴스 세트장(배경)' 오브젝트를 그림과 같이 추가합니다.

⑬ '선생님(2)' 오브젝트를 선택한 상태에서 [시작하기 버튼을 클릭했을 때] 블록 아래에 다음과 같이 코드를 작성합니다.

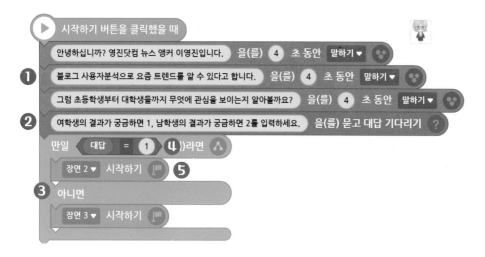

❶ 〈생김새〉의 [(안녕)을 (4)초 동안 말하기]를 연결한 후 (안녕) 대신에 (안녕하십니까? 영진닷컴 뉴스 앵커 이영진입니다.)를 입력합니다. 마찬가지로 같은 블록을 2개 더 가지고와 각각 (블로그 사용자 분석으로 요즘 트렌드를 알 수 있다고 합니다.)와 (그럼 초등학생부터 대학생들까지 무엇에 관심을 보이는지 알아볼까요?)를 입력합니다.

❷ 〈자료〉의 [(안녕)을 묻고 대답 기다리기]를 연결하고 (안녕) 대신에 (여학생의 결과가 궁금하면 1, 남학생의 결과가 궁금하면 2를 입력하세요.)를 적습니다.

❸ 대답으로 입력되는 값에 따라 각기 다른 결과를 보여 주어야 하므로 〈흐름〉의 [만일 (조건)이라면, 아니면]을 연결합니다.

❹ (조건) 속에 〈판단〉의 [(10)=(10)]을 넣고 왼쪽 (10)에는 〈자료〉의 [대답]을 오른쪽 (10)에는 (1)을 입력합니다.

❺ 대답이 1인 경우, 즉 여학생의 결과를 보여 주어야 하므로 여학생의 결과가 나타나 있는 페이지인 〈장면2〉로 가기 위해 〈장면1〉 옆 [+]를 눌러 〈장면2〉를 만들어 줍니다. 마찬가지로 〈장면2〉 옆에 [+]를 눌러 〈장면3〉까지 미리 만들어 놓습니다. 그리고 〈시작〉의 [장면2 시작하기]를 연결하고 아니면 뒤에는 [장면3 시작하기]를 넣습니다.

⑭ 〈장면2〉에서 '소녀(5)' 오브젝트와 '물음표 버튼' 오브젝트를 추가하고 그림처럼 적절한 위치에 배치합니다.

⑮ '소녀(5)'를 선택한 상태에서 다음과 같이 코드를 작성합니다.

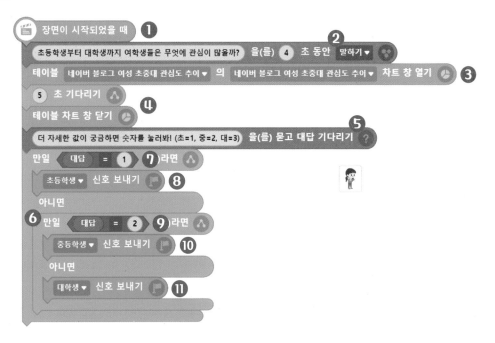

❶ 〈장면1〉에서 선택한 값에 따라 여학생의 결과가 있는 〈장면2〉가 시작되기 위해 〈시작〉의 [장면이 시작되었을 때]를 가져옵니다.

❷ 〈생김새〉의 [(안녕)을 (4)초 동안 말하기]를 가져온 뒤 (안녕) 대신 (초등학생부터 대학생까지 여학생들은 무엇에 관심이 많을까?)를 입력합니다.

❸ 〈데이터분석〉의 [테이블 (네이버 블로그 여성 초중대 관심도 추이)의 (네이버 블로그 여성 초중대 관심도 추이) 차트 창 열기]를 가져와 여성별 초, 중, 대학생들의 선호도를 차트로 확인할 수 있게 합니다.

❹ 차트 창이 잠시 열렸다 다시 닫혀야 하므로 〈흐름〉의 [(2)초 기다리기]를 가져온 뒤 (2)초를 (5)초로 바꾸고 〈데이터분석〉의 [테이블 차트 창 닫기]를 연결합니다.

❺ 〈자료〉의 [(안녕)을 묻고 대답 기다리기]를 연결한 뒤 (안녕) 대신에 (더 자세한 값이 궁금하면 숫자를 눌러봐! (초=1, 중=2, 대=3))을 입력합니다. 위에서 확인한 초, 중, 대학생 여성의 전체 결과를 초, 중, 대학생으로 나눠 자세히 살펴보기 위한 것입니다.

❻ 〈흐름〉의 [만일 (조건)이라면, 아니면]을 연결합니다.

❼ (조건)에 〈판단〉의 [(10)=(10)]을 넣고 왼쪽 (10)에는 〈자료〉의 [대답]을, 오른쪽 (10)에는 (1)을 입력합니다. 1은 초등 여학생의 결과를 의미합니다.

❽ 〈속성〉에서 [신호]를 선택한 뒤 [초등학생], [중등학생], [대학생] 총 3개의 신호를 추가합니다. 여성 중에서 초등학생의 세부 결과를 확인하기 위한 것이므로 〈시작〉의 [(초등학생) 신호 보내기]를 연결합니다.

❾ 총 3개 중 1개를 선택하는 경우이므로, 아니면 속에 다시 〈흐름〉의 [만일 (조건)이라면, 아니면]을 넣어야 합니다. (조건)에 〈판단〉의 [(10)=(10)]을 넣고 왼쪽 (10)에는 〈자료〉의 [대답]을, 오른쪽 (10)에는 (2)를 입력합니다. 2는 중등 여학생의 결과를 의미합니다.

❿ 여성 중에서 중등학생의 세부 결과를 확인하기 위한 것이므로 〈시작〉의 [(중등학생) 신호 보내기]를 연결합니다.

⓫ 1, 2가 아닌 경우는 3을 선택한 경우입니다. 여성 중에서 대학생의 세부 결과를 확인하기 위한 것이므로 〈시작〉의 [(대학생) 신호 보내기]를 연결합니다.

⓰ '물음표 버튼' 오브젝트를 클릭한 후 다음과 같이 코드를 작성합니다.

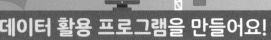

❶ 〈시작〉의 [(초등학생) 신호를 받았을 때] 블록을 가져옵니다.

❷ 〈생김새〉의 [(물음표 버튼_2) 모양으로 바꾸기] 블록을 연결합니다.

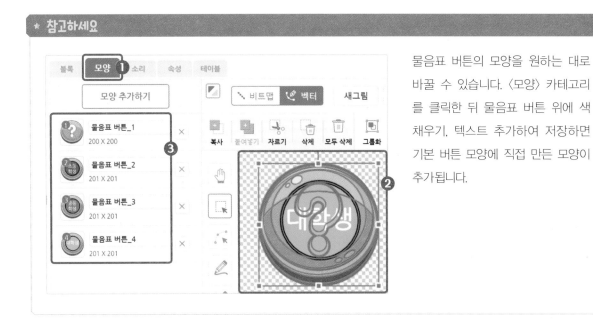
❸ 〈데이터분석〉의 [테이블 (네이버 블로그 초_여학생)의 (네이버 블로그 초_여학생) 차트 창 열기]를 연결합니다.

❹ 〈흐름〉의 [(2)초 기다리기]를 가져와 (5)초로 바꾸고 〈데이터분석〉의 [테이블 차트 창 닫기] 블록을 연결해 열린 차트 창이 일정 시간 후에 닫히도록 합니다.

❺ 〈생김새〉의 [(안녕)을 (2)초 동안 말하기]를 가져온 뒤 (안녕) 대신에 (초등학교 여학생이 가장 관심 있는 주제는 게임입니다.)를 입력합니다.

❻ 실제 가장 선호도가 높은 게임의 선호도값을 보여 주기 위해 〈생김새〉의 [(안녕)을 (2)초 동안 말하기]를 연결하고, (안녕) 대신에 〈계산〉의 [(10)+(10)]을 넣어 줍니다. 왼쪽 (10)에는 (선호도값은)을 입력하고 오른쪽 (10)에는 다시 [(10)+(10)]을 넣습니다. 다시 왼쪽 (10)에는 〈데이터분석〉의 [테이블 (네이버 블로그 초_여학생) 2번째 행의 (게임)값]을 넣고 오른쪽 (10)에는 (입니다.)를 적습니다.

❼ 〈자료〉의 [(안녕)을 묻고 대답 기다리기]를 연결한 뒤 (안녕) 대신에 (다른 값이 궁금하다면 1, 끝내고 싶으면 2를 입력하세요.)를 적습니다. 초등 외 다른 결과가 궁금하면 1을 입력하면 됩니다.

❽ 〈흐름〉의 [만약 (조건)이라면, 아니면]을 연결하고, (조건)에 〈판단〉의 [(10)=(10)]을 넣습니다. 왼쪽 (10)에는 〈자료〉의 [대답]을, 오른쪽 (10)에는 (1)을 적습니다.

❾ 〈속성〉 카테고리에서 [신호]를 선택한 뒤 [재실행] 신호를 추가합니다. 그리고 〈시작〉의 [(재실행) 신호 보내기] 블록을 가져와 넣습니다.

❿ 1이 아닌 값, 즉 2를 입력했다면 프로그램을 끝낸다는 의미이므로 〈흐름〉의 [모든 코드 멈추기]를 선택해 넣습니다.

⓱ '물음표 버튼' 오브젝트에 다음 코드를 추가합니다. 초등학생 신호를 받았을 때의 코드를 복사하여 붙이되 초등학생에서 중학생으로 내용이 달라지므로 달라지는 부분은 모두 수정해야 합니다.

```
중등학생 ▼ 신호를 받았을 때                                    ?
  물음표 버튼_3 ▼  모양으로 바꾸기
  테이블 네이버 블로그 중_여학생 ▼ 의 네이버 블로그 중_여학생 ▼ 차트 창 열기
  5 초 기다리기
  테이블 차트 창 닫기
  중등학교 여학생이 가장 관심있는 주제는 스타연예인입니다. 을(를) 2 초 동안 말하기 ▼
  선호도값은 + 테이블 네이버 블로그 중_여학생 ▼ 2 번째 행의 스타·연예인 ▼ 값 + 입니다. 을(를) 2 초 동안 말하기 ▼
  다른 값이 궁금하다면 1, 끝내고 싶으면 2를 입력하세요. 을(를) 묻고 대답 기다리기
  만일 대답 = 1 (이)라면
    재실행 ▼ 신호 보내기
  아니면
    모든 ▼ 코드 멈추기
```

⓲ '물음표 버튼' 오브젝트에 다음 코드를 추가합니다. 초등학생 신호를 받았을 때의 코드를 복사하여 붙이되 초등학생에서 대학생으로 내용이 달라지므로 달라지는 부분은 모두 수정해야 합니다.

```
대학생 ▼ 신호를 받았을 때                                      ?
  물음표 버튼_4 ▼  모양으로 바꾸기
  테이블 네이버 블로그 대_여학생 ▼ 의 네이버 블로그 대_여학생 ▼ 차트 창 열기
  5 초 기다리기
  테이블 차트 창 닫기
  대학교 여학생이 가장 관심있는 주제는 패션미용입니다. 을(를) 2 초 동안 말하기 ▼
  선호도값은 + 테이블 네이버 블로그 대_여학생 ▼ 2 번째 행의 패션·미용 ▼ 값 + 입니다. 을(를) 2 초 동안 말하기 ▼
  다른 값이 궁금하다면 1, 끝내고 싶으면 2를 입력하세요. 을(를) 묻고 대답 기다리기
  만일 대답 = 1 (이)라면
    재실행 ▼ 신호 보내기
  아니면
    모든 ▼ 코드 멈추기
```

⑲ '소녀(5)'를 선택한 상태에서 다음과 같이 코드를 추가합니다.

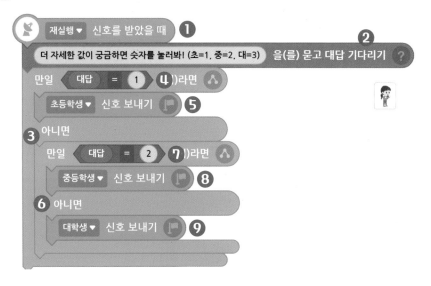

❶ 〈시작〉의 [(재실행) 신호를 받았을 때]를 가져옵니다.

❷ 〈자료〉의 [(안녕)을 묻고 대답 기다리기]를 연결하고, (안녕) 대신에 (더 자세한 값이 궁금하면 숫자를 눌러봐! (초=1, 중=2, 대=3))을 적습니다.

❸ 〈흐름〉의 [만일 (조건)이라면, 아니면]을 연결합니다.

❹ (조건)에 〈판단〉의 [(10)=(10)]을 넣고 왼쪽 (10)에 〈자료〉의 [대답]을, 오른쪽 (10)에 (1)을 입력합니다.

❺ 대답값이 1일 때 즉, 초등학생의 자세한 값이 궁금하다면 초등학생의 결과값을 보여 줘야 하므로 〈시작〉의 [(초등학생) 신호 보내기]를 넣습니다.

❻ 총 3개 중 1개를 선택하는 경우이므로 아니면 속에 다시 〈흐름〉의 [만일 (조건)이라면, 아니면]을 넣어야 합니다.

❼ (조건)에 〈판단〉의 [(10)=(10)]을 넣고 왼쪽 (10)에는 〈자료〉의 [대답]을, 오른쪽 (10)에는 (2)를 입력합니다. 2는 중등 여학생의 결과를 의미합니다.

❽ 여성 중에서 중등학생의 세부 결과를 확인하기 위한 것이므로 〈시작〉의 [(중등학생) 신호 보내기]를 연결합니다.

❾ 1, 2가 아닌 경우는 3을 선택한 경우입니다. 여성 중에서 대학생의 세부 결과를 확인하기 위한 것이므로 〈시작〉의 [(대학생) 신호 보내기]를 연결합니다.

20 〈장면1〉과 〈장면2〉까지 모든 코드를 작성하였습니다. 〈장면1〉에서는 블로그의 사용자 분석을 통해 요즘 사람들이 관심 있는 주제가 무엇인지 알아본다고 설명하고, 여성의 결과를 확인할 것인지, 남성의 결과를 확인할 것인지 묻습니다. 그리고 〈장면2〉에서는 초, 중, 대학생 여성의 결과를 꺾은선 그래프로 전체적으로 확인하고, 각각의 세부적인 결과를 막대 그래프로 확인합니다. [실행하기]를 눌러 프로그램이 잘 실행되는지 확인해 봅시다.

※ 장면3, 즉 남성의 결과는 아직 코드를 작성하지 않았습니다. 장면2의 경험을 통해 심화 활동에서 장면3을 만들어 보도록 합니다.

 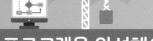
❶ 〈장면3〉에 코드를 추가하여 초, 중, 대학생 남성의 결과를 전체로 보여 주고, 각각의 세부 결과를 막대 그래프로 하나씩 보여 주는 프로그램을 만들어 봅시다.

❷ 아래 예시 코드를 참고하여 나만의 블로그 트렌드 분석 프로그램을 완성해 보세요.

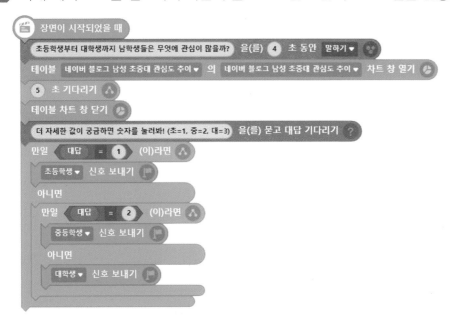

─── ★ 참고하세요 ★ ───

장면2의 코드를 잘 활용해요!
혼자 작품 만들기가 어려운 친구들은 예시 작품 링크를 참고해요!

http://naver.me/FbBoXTOm

데이터로 세상을 읽어요!

빅데이터란 말을 들어 보았나요? 여러분들이 많이 사용하는 트위터, 페이스북 등 소셜 미디어가 성장하고, 정보를 저장하고 관리하는 클라우드 컴퓨팅 기술의 발전으로 디지털 정보량이 기하급수적으로 늘어나면서 빅데이터라는 말을 사용하기 시작했어요. 예를 들어 페이스북은 매월 이용자 한 명당 평균적으로 90개 이상의 콘텐츠를 업로드하고 있다고 해요. 유튜브는 1분마다 24시간 분량의 동영상이 업로드되고 있다고 하니 말 그대로 빅데이터 세상에 사는 셈이지요.

이런 빅데이터는 그 자체로는 큰 의미를 가지진 않지만 이를 적절하게 잘 활용하면 세상의 많은 사람을 돕거나 편리하게 만들 수 있습니다. 예를 들어 여러분이 잘 알고 있는 구글은 사용자들이 기침, 발열, 몸살, 감기약 등 관련 키워드 검색 빈도가 늘어나면 독감이 확산한다는 것을 미리 파악해 '독감 확산 조기 경보'를 예측합니다. 실제로 미국 질병 통제 예방 센터의 데이터와 비교해 본 결과 매우 밀접한 관계가 있다고 확인되었죠. 이를 통해 더 빠르고 정확한 독감 확산 조기 경보 체계를 미국 보건 당국보다 앞서 마련할 수 있었다고 합니다. 실제로 구글 트렌드(https://trends.google.co.kr/)에 가면 전 세계 사람들이 가장 많이 검색하는 주제를 통해 세상의 흐름을 짐작할 수 있지요.

앞에서 여러분이 활용한 네이버의 블로그 사용자 분석 데이터도 빅데이터라고 할 수 있어요. 연령별로 또는 성별로 어떤 주제에 관심이 있는지 파악하면 그에 맞는 상품을 개발할 수도 있고, 사용자에게 적절한 상품에 대한 정보를 제때 제공할 수도 있습니다. 이런 빅데이터를 활용해 세상에 도움을 주거나 자신에게 꼭 맞는 프로그램을 만들어 보면 어떨까요?

이미지 출처 : 구글 트렌드(https://trends.google.co.kr/)

SECTION
10

여행지를 추천해줘!

엔트리의 데이터를 활용해 미세먼지와 기온에 따라 계절별 여행 갈 곳을 추천해
주는 프로그램을 만들어요.

수업 길잡이

난이도 ★★★☆☆
소요시간 20분 이상
학습영역 데이터 과학/
데이터 분석
준비물 PC 또는 노트북,
사이트 주소 알기
(https://playentry.org/)

AI 프로그래밍을 준비해요!

활동 목표
미세먼지와 기온 데이터를 분석하고, 조건에
알맞은 여행지를 추천하는 프로그램 만들기

활동 약속
데이터를 수집, 처리하는 일의 중요성
이해하기

성취기준을 달성해요!

수업 활동
[6실04-10] 자료를 입력하고 필요한 처리를
수행한 후 결과를 출력하는 단순한 프로그램을
설계한다.

K11-12 : 인공지능이 많은 소프트웨어 및
물리적 시스템을 어떻게 운영하는지 설명한다.
(K12 CSS)

이 놀이는

데이터 분석 및
처리

엔트리의 데이터를 활용해 미세먼지와 기온에 따라 계절별 여행지를 추천해 주는 프로그램을 만들어
보는 활동입니다. 이를 통해 인공지능의 다양한 추천 서비스가 어떤 원리로 작동하는지 이해할 수 있
습니다.

❶ 〈데이터분석〉 카테고리를 클릭한 후 [테이블 불러오기] 버튼을 누릅니다.

❷ [테이블 추가하기]를 클릭한 후 엔트리에 있는 데이터를 활용하기 위해 〈테이블 선택〉을 클릭합니다.
그리고 여러 데이터 중 [월평균 기온]과 [월평균 미세먼지 농도]를 선택한 뒤 [추가] 버튼을 클릭합니다.

★ 참고하세요 | 어떤 데이터인가요?

[월평균 기온] 데이터는 한 해 동안의 기온을 월별로 평균값으로 표현한 데이터입니다. 16개 시도별로 나누어져 있으며
이 데이터를 통해 월별 기온의 변화 추세 혹은 위도/지형에 따른 기온의 차이를 알아볼 수 있습니다. [월평균 미세먼지
농도] 데이터는 전국 대기오염 측정망에서 측정한 미세먼지 농도를 나타낸 것으로 2010년 1월부터 2019년 11월까지의
지역별 월평균 미세먼지를 나타낸 것입니다. 이 통계를 통해 전국 주요 도시지역의 대기 오염도를 파악할 수 있습니다.

❸ [월평균 미세먼지 농도]와 [월평균 기온] 테이블이 추가되었습니다. 추가된 데이터를 모두 다 활용하는 것이 아니라 가장 최근 연도의 일 년치 데이터만 활용할 예정이므로 월평균 기온 데이터에 있는 2018년 데이터는 [행 삭제하기]를 통해 모두 삭제한 후 저장합니다. 월평균 미세먼지 농도 데이터는 2018년 데이터를 제외한 다른 행은 모두 삭제합니다.

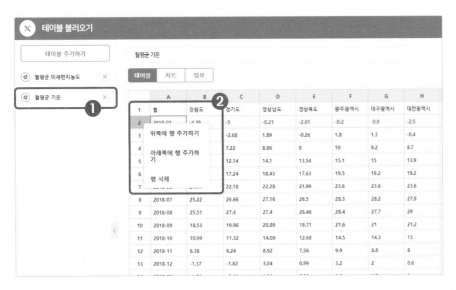

❹ 테이블에서 필요한 데이터만 남기고 불필요한 데이터를 삭제했다면 차트를 눌러 선 그래프를 선택합니다. 차트의 이름을 "월별 미세먼지 비교", "월평균 기온" 등으로 남기고 가로축은 〈월〉을, 계열은 〈모두〉를 선택함으로써 월별 각 지역의 미세먼지와 기온의 변화를 확인합니다.

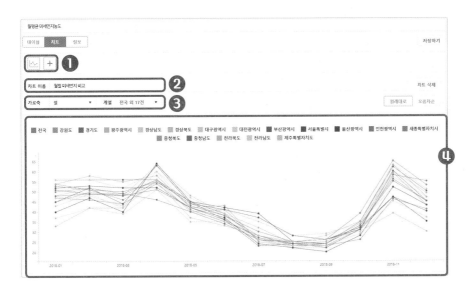

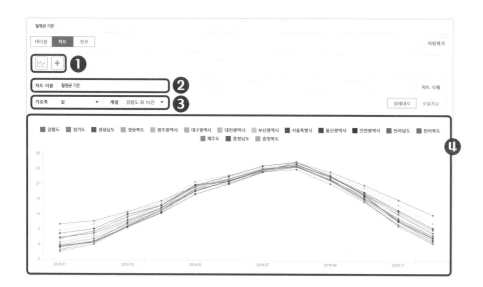

⑤ 〈장면1〉에 기본 '엔트리봇' 오브젝트는 삭제하고 '광화문1(배경)' 오브젝트와 '네모로봇' 오브젝트를 각각 추가한 뒤 적절하게 배치합니다.

⑥ 오브젝트가 바라보는 방향을 바꿔 주고 싶다면 〈모양〉을 눌러 나온 그림판 아래 좌우 반전을 클릭해 줍니다.

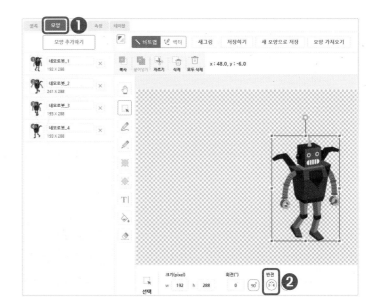

⑦ '네모로봇' 오브젝트를 선택한 후 다음과 같이 코드를 작성합니다.

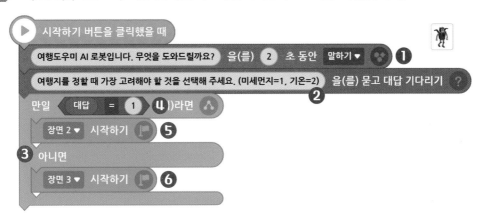

❶ 〈시작〉의 [시작하기 버튼을 클릭했을 때] 블록 아래에 〈생김새〉의 [(안녕)을 (4)초 동안 말하기]를 연결합니다. (안녕) 대신에 (여행도우미 AI 로봇입니다. 무엇을 도와드릴까요?)를 입력하고 (4)초 대신에 (2)초를 적습니다.

❷ 〈자료〉의 [(안녕)을 묻고 대답 기다리기]를 연결하고 (안녕) 대신에 (여행지를 정할 때 가장 고려해야 할 것을 선택해 주세요. (미세먼지=1, 기온=2))를 입력합니다.

❸ 〈흐름〉의 [만일 (조건)이라면, 아니면]을 연결합니다.

❹ (조건)에 〈판단〉의 [(10)=(10)]을 입력하고 왼쪽 (10)에는 〈자료〉의 [대답] 블록을, 오른쪽 (10)에는 숫자 (1)을 입력합니다.

❺ 대답값이 1, 즉 미세먼지라면 〈장면2〉로 넘어가기 위해 〈시작〉의 [장면2 시작하기]를 넣어 줍니다. 〈장면2〉 또는 〈장면3〉은 〈장면1〉 옆에 있는 [+]를 눌러서 만들 수 있습니다.

❻ 대답값이 1이 아니면, 즉 기온이라면 〈장면3〉으로 넘어가기 위해 [장면3 시작하기]를 넣어 줍니다.

8 〈장면2〉에 미세먼지를 의미하는 '회색 도시(배경)' 오브젝트와 '네모로봇' 오브젝트, '결과 확인 버튼' 오브젝트를 각각 추가하고 적절하게 배치합니다.

9 '결과 확인 버튼' 오브젝트를 선택한 후 다음과 같이 코드를 작성합니다.

❶ 〈시작〉의 [장면이 시작되었을 때] 블록을 가져옵니다.

❷ 〈흐름〉의 [계속 반복하기] 블록을 가져와 연결합니다.

❸ 〈생김새〉의 [다음 모양으로 바꾸기]를 [계속 반복하기] 속에 넣어 장면이 시작되었을 때 계속해서 모양이 바뀌도록 합니다.

❹ 〈흐름〉의 [(2)초 기다리기]를 가져와 연결한 후 (2)초를 (1)초로 바꿉니다.

10 '결과 확인 버튼' 오브젝트에 다음과 같이 코드를 추가합니다.

❶ 〈시작〉의 [오브젝트를 클릭했을 때] 블록을 가져옵니다.

❷ 〈데이터분석〉의 [테이블 (월평균 미세먼지농도)의 (월별 미세먼지 비교) 차트 창 열기] 블록을 가져와 연결합니다.

⑪ '결과 확인 버튼' 아래에 글을 추가하고 싶다면 모양을 눌러 줍니다. 그림판이 나오면 텍스트를 선택해 "차트 보기"라고 입력하고 원하는 글꼴, 윤곽선 색상, 채우기 색상 등을 선택한 뒤 저장하면 됩니다.

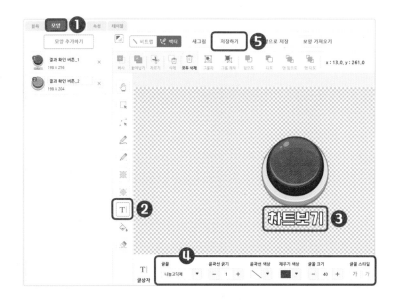

⑫ '네모로봇' 오브젝트를 선택한 뒤 다음과 같이 코드를 작성합니다.

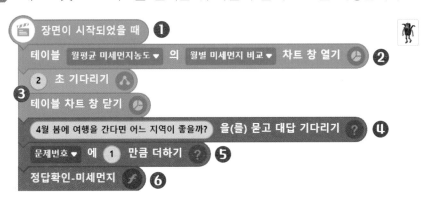

❶ 〈시작〉의 [장면이 시작되었을 때] 블록을 가져옵니다.

❷ 〈데이터분석〉의 [테이블 (월평균 미세먼지농도)의 (월별 미세먼지 비교) 차트 창 열기]를 연결합니다.

❸ 열린 차트 창이 잠시 후 닫힐 수 있게 〈흐름〉의 [(2)초 기다리기]와 〈데이터분석〉의 [테이블 차트 창 닫기]를 차례로 연결합니다.

❹ 〈자료〉의 [(안녕)을 묻고 대답 기다리기]를 연결하고, (안녕) 대신에 (4월 봄에 여행을 간다면 어느 지역이 좋을까?)를 입력합니다.

❺ 〈속성〉에서 [변수]를 선택하고 [변수 추가하기]를
누른 뒤 변수의 이름을 [문제번호]로 입력합니다.
변수가 화면에 보이지 않게 하기 위해 눈을 감은
모양으로 바꿔 줍니다. 만들어진 변수의 기본값이
0이므로 문제의 번호가 1로 시작하기 위해 〈자료〉
에서 방금 만들어진 [(문제번호)에 (10)만큼 더하기]
를 가져와 (10) 대신에 (1)을 입력합니다.

❻ 〈속성〉에서 [함수]를 선택하고 [함수 추가하기]를 클릭하면 함수를 정의할 수 있는 화면이 나옵니다.
함수의 이름을 [정답확인–미세먼지]로 정하고 아래에 다음과 같이 코드를 작성합니다.
  – 〈흐름〉의 [만일 (조건)이라면, 아니면]을 가져와 연결합니다.
  – (조건)에 〈판단〉의 [(10)=(10)]을 넣은 뒤 왼쪽 (10)에 〈자료〉의 [대답] 블록을, 오른쪽 (10)에는 〈자
    료〉의 [(정답목록)의 (문제번호값)번째 항목]을 넣습니다. 정답목록은 리스트 추가하기로 만들어
    줍니다.

그래프를 보고 묻고 있는 달의 미세먼지가 가장 적은 지역의 이름을 정답목록으로 만들 수 있습니다. 리스트 추가하기를 클릭한 뒤 "정답목록"이라 이름 붙이고 리스트 항목 수를 4개 추가하세요. 다음 〈장면3〉에서도 기온이 가장 따뜻하거나 시원한 지역의 이름을 정답목록으로 만들어야 하므로 [리스트 추가하기] 버튼을 클릭한 뒤 "정답목록 2"라 이름 붙이면 됩니다. 리스트가 화면에 보이지 않게 눈을 감은 모양으로 정합니다.

- 대답으로 입력한 값과 정답목록이 일치하면 정답이므로 〈생김새〉의 [(안녕)을 (4초) 동안 말하기]를 넣고 (안녕) 대신 (정답이야!)를, (4)초 대신 (2)초를 입력합니다.

- 정답이 아니면 〈속성〉에서 [신호]를 선택하여 [오답] 신호를 추가한 후 〈시작〉의 [(오답) 신호 보내기]를 연결합니다. 그리고 〈생김새〉의 [(안녕)을 (4초) 동안 말하기]를 넣고 (안녕) 대신 (오답이야..)를, (4)초 대신 (2)초를 입력합니다.

- 이렇게 [정답확인-미세먼지] 함수가 만들어졌습니다. 만들어진 블록을 [(문제번호)에 (1)만큼 더하기] 블록 아래에 연결합니다.

❼ 마찬가지로 7월 여름에 여행을 간다
면 어느 지역이 좋을지를 묻고 입력
한 값이 정답목록과 일치하는지 알
아본 후, 정답인지 오답인지를 말하
도록 그림처럼 코드를 연결합니다.

❽ 10월 가을에 여행을 간다면 어느 지
역이 좋을지를 묻고 입력한 값이 정
답목록과 일치하는지 알아본 후, 정
답인지 오답인지를 말하도록 그림
처럼 코드를 연결합니다.

❾ 12월 겨울에 여행을 간다면 어느 지
역이 좋을지를 묻고 입력한 값이 정
답목록과 일치하는지 알아본 후, 정
답인지 오답인지를 말하도록 그림
처럼 코드를 연결합니다.

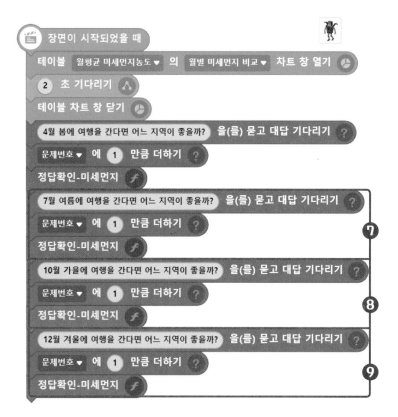

❸ 〈장면3〉에 '단색 배경' 오브젝트와 '네모로봇' 오브젝트, '결과 확인 버튼' 오브젝트를 각각 추가하고 적절하게 배치합니다.

⑭ '단색 배경'을 선택한 상태에서 〈모양〉의 [모양 추가하기] 버튼을 클릭해 '꽃밭', '눈오는 날', '날씨 맑음', '숲속(배경)' 오브젝트를 추가합니다.

⑮ 〈장면3〉의 '결과 확인 버튼' 오브젝트를 선택한 후 다음과 같이 코드를 작성합니다.

❶ 〈시작〉의 [장면이 시작되었을 때] 블록을 가져옵니다.

❷ 〈흐름〉의 [계속 반복하기] 블록을 가져와 연결합니다.

❸ 〈생김새〉의 [다음 모양으로 바꾸기]를 [계속 반복하기] 속에 넣어 장면이 시작되었을 때 계속해서 모양이 바뀌도록 합니다.

❹ 〈흐름〉의 [(2)초 기다리기]를 가져와 연결한 후 (2)초를 (1)초로 바꿉니다.

⑯ 〈장면3〉의 '결과 확인 버튼' 오브젝트에 다음과 같이 코드를 추가합니다.

❶ 〈시작〉의 [오브젝트를 클릭했을 때] 블록을 가져옵니다.

❷ 〈데이터분석〉의 [테이블 (월평균 기온)의 (월평균 기온) 차트 창 열기] 블록을 가져와 연결합니다. 〈장면2〉의 '결과 확인 버튼' 오브젝트와 코드가 여기서 달라집니다.

⓱ '단색 배경' 오브젝트를 선택한 상태에서 다음과 같이 코드를 작성합니다.

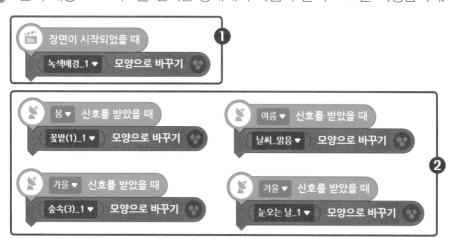

❶ 〈시작〉의 [장면이 시작되었을 때] 블록을 가져온 뒤 〈생김새〉의 [(녹색배경) 모양으로 바꾸기]를 연
   결합니다.

❷ 〈속성〉에서 [신호 추가하기]로 [봄], [여름], [가을], [겨울] 신호를 각각 만든 후 〈시작〉의 [(봄) 신호를 받
   았을 때] 아래에는 〈생김새〉의 [(꽃밭) 모양으로 바꾸기] 블록을 연결하고, [(여름) 신호를 받았을 때]에
   는 [(날씨 맑음) 모양으로 바꾸기]를 연결합니다. 마찬가지로 [(가을) 신호를 받았을 때]는 [(숲속(3) 모
   양으로 바꾸기]를, [(겨울) 신호를 받았을 때]는 [(눈 오는 날) 모양으로 바꾸기]를 연결해 주면 됩니다.

⓲ 〈장면3〉의 '네모로봇' 오브젝트를 선택한 뒤 다음과 같이 코드를 작성합니다.

장면이 시작되었을 때 ❶

테이블 월평균 기온 ▼ 의 월평균 기온 ▼ 차트 창 열기 ❷

2 초 기다리기

❸ 테이블 차트 창 닫기

봄 ▼ 신호 보내기 ❹

4월 봄에 여행을 간다면 어느 지역이 좋을까? 가장 따뜻한 곳이 좋겠지? 을(를) 묻고 대답 기다리기 ❺

문제번호 ▼ 에 1 만큼 더하기 ❻

정답확인-기온 ❼

❶ 〈시작〉의 [장면이 시작되었을 때] 블록을 가져옵니다.

❷ 〈데이터분석〉의 [테이블 (월평균 기온)의 (월평균 기온) 차트 창 열기]를 연결합니다.

❸ 열린 차트 창이 잠시 후 닫힐 수 있게 〈흐름〉의 [(2)초 기다리기]와 〈데이터분석〉의 [테이블 차트 창 닫기]를 차례로 연결합니다.

❹ 〈시작〉의 [(봄) 신호 보내기]를 연결합니다.

❺ 〈자료〉의 [(안녕)을 묻고 대답 기다리기]를 연결하고, (안녕) 대신에 (4월 봄에 여행을 간다면 어느 지역이 좋을까? 가장 따뜻한 곳이 좋겠지?)를 입력합니다.

❻ 〈자료〉의 [(문제번호)에 (10)만큼 더하기]를 가져와 (10)대신 (1)을 입력합니다.

❼ 〈속성〉의 [함수 추가하기]를 눌러 함수의 이름을 [정답확인–기온]으로 정하고 아래와 같이 코드를 작성합니다.

– 〈흐름〉의 [만일 (조건)이라면, 아니면]을 가져와 연결합니다.

– (조건)에 〈판단〉의 [(10)=(10)]을 넣은 뒤 왼쪽 (10)에 〈자료〉의 [대답] 블록을, 오른쪽 (10)에는 〈자료〉의 [(정답목록2)의 (문제번호값)번째 항목]을 넣습니다. 정답목록2는 〈장면2〉를 만들 때 이미 만들었습니다.

– 대답으로 입력한 값과 정답목록이 일치하면 정답이므로, 〈생김새〉의 [(안녕)을 (4)초 동안 말하기]를 넣고 (안녕) 대신 (정답이야!)를, (4)초 대신 (2)초를 입력합니다.

– 정답이 아니면 〈시작〉의 [(오답) 신호 보내기]를 연결합니다. 그리고 〈생김새〉의 [(안녕)을 (4)초 동안 말하기]를 넣고 (안녕) 대신 (오답이야..)를, (4)초 대신 (2)초를 입력합니다.

– 이렇게 [정답확인–기온] 함수가 만들어졌습니다. 만들어진 블록을 [(문제번호)에 (1)만큼 더하기] 블록 아래에 연결합니다.

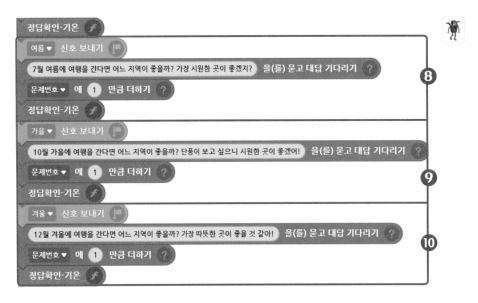

❽ 마찬가지로 7월 여름에 여행을 간다면 어느 지역이 좋을지를 묻고 입력한 값이 정답록록2와 일치하는지 알아본 후, 정답인지 오답인지를 말하도록 그림처럼 코드를 연결합니다.

❾ 10월 가을에 여행을 간다면 어느 지역이 좋을지를 묻고 입력한 값이 정답목록2와 일치하는지 알아본 후, 정답인지 오답인지를 말하도록 그림처럼 코드를 연결합니다.

❿ 12월 겨울에 여행을 간다면 어느 지역이 좋을지를 묻고 입력한 값이 정답목록2와 일치하는지 알아본 후, 정답인지 오답인지를 말하도록 그림처럼 코드를 연결합니다.

⓳ 〈장면1〉과 〈장면3〉까지 모든 코드를 작성하였습니다. 〈장면1〉에서는 여행지를 결정하기 위해 미세먼지를 고려할 것인지 기온을 고려할 것인지를 묻습니다. 〈장면2〉에서는 미세먼지 데이터값을 확인하고 봄, 여름, 가을, 겨울에 미세먼지가 가장 낮은 지역이 어디인지 차트를 통해 확인합니다. 〈장면3〉에서는 기온 데이터값을 확인하고 봄과 겨울에는 가장 따뜻한 지역이 어디인지, 여름과 가을은 가장 시원한 지역이 어디인지 확인합니다. [실행하기]를 눌러 프로그램이 잘 실행되는지 확인해 봅시다.

나만의 여행 도우미 프로그램을 완성해요!

여행 도우미 프로그램에 다른 블록을 추가하여 나만의 여행 도우미 프로그램으로 완성해 봅시다.

〈방법 예시 1〉 계절에 따른 소리 추가하기

〈방법 예시 2〉 정답 또는 오답을 음성으로 알려주기

```
함수 정의하기   정답확인-미세먼지
만일  대답  =  정답목록 ▼  의  문제번호 ▼  값  번째 항목      (이)라면
    정답이야!  을(를)  2  초 동안  말하기 ▼
    정답이야!  읽어주기
아니면
    오답 ▼  신호 보내기
    오답이야..  을(를)  2  초 동안  말하기 ▼
    오답이야..  읽어주기
```

★ 참고하세요 ★

다양한 효과를 추가해요!
혼자 작품 만들기가 어려운 친구들은 예시 작품 링크를 참고해요!

http://naver.me/xHbkQ4te

여행자를 위한 데이터, 어디에 있을까?

엔트리에 있는 데이터를 활용해도 좋지만 원하는 데이터가 없을 경우 직접 찾아야 합니다. 하지만 인터넷상에서 데이터를 수집하고 활용할 때 저작권을 고려해야 하기 때문에 원하는 자료를 찾아서 활용하기란 쉽지 않습니다. 이때 활용할 수 있는 데이터가 공공데이터입니다. 공공데이터란 공공기관이 만들어내는 모든 자료나 정보, 국민 모두의 소통과 협력을 이끌어내는 공적인 정보를 말합니다. 각 공공기관이 보유한 공공데이터 목록과 국민에게 개방할 수 있는 공공데이터를 포털에 등록하면 모두가 공유할 수 있는 양질의 공공데이터로 재탄생하게 됩니다. 그렇다면 이런 공공데이터를 어떻게 손에 넣을 수 있을까요?

공공데이터포털(https://data.go.kr/)에 가면 여러분이 원하는 공공데이터를 손쉽게 찾을 수 있습니다. 공공데이터포털에서 "여행"을 검색하면 특정 지역을 여행할 때 필요한 테마별 여행 길잡이 데이터를 비롯해 국민 여행 실태조사 통계 자료까지 유형별로 찾을 수 있습니다. 보다 자세한 정보를 얻고 싶다면 여행 중에서도 "캠핑"을 검색하거나 특정 지역명과 함께 여행을 검색하면 됩니다. 그러면 여러 지역에서 운영 중인 캠핑장 정보는 물론 특정 지역의 음식점 정보, 여행지 정보까지도 찾을 수 있습니다. 여기에 제시된 자료는 공공데이터이기 때문에 저작권과 상관없이 활용할 수 있으며 엔트리에 파일 올리기하여 프로그램을 만들 때 활용할 수도 있습니다. 여러분이 찾고 싶은 여행 관련 데이터를 직접 수집해 나만의 멋진 여행 도우미 프로그램을 다시 한번 만들어 보면 어떨까요?

이미지 출처 : 공공데이터포털(https://data.go.kr/index.do)

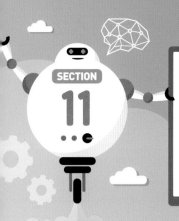

감염병을 예방해요!

엔트리의 데이터를 활용해 국내 코로나19의 확진자 수, 완치자 수, 사망자 수 등
일일 현황을 확인하고, 감염병 예방에 주의를 기울이는 프로그램을 만들어요.

난이도 ★★★☆☆
소요시간 20분 이상
학습영역 데이터 과학/
데이터 분석
준비물 PC 또는 노트북,
사이트 주소 알기
(https://playentry.org/)

AI 프로그래밍을 준비해요!

활동 목표
국내 코로나19 일일 현황 데이터를 분석하고,
감염병 예방에 대한 경각심을 일깨우는
프로그램 만들기

활동 약속
생활 속에서 데이터의 중요성 이해하기

성취기준을 달성해요!

수업 활동
[6실04-10] 자료를 입력하고 필요한 처리를
수행한 후 결과를 출력하는 단순한 프로그램을
설계한다.

K11-12 : 인공지능이 많은 소프트웨어 및
물리적 시스템을 어떻게 운영하는지 설명한다.
(K12 CSS)

이 놀이는

이 활동은 질병관리본부에서 제공하는 국내 코로나19 일일 현황 데이터를 활용해 우리 생활에 직접
영향을 미치는 감염병에 대한 경각심을 일깨워 주는 프로그램을 만들어 보는 활동입니다. 이를 통해
공공데이터가 어떻게 활용될 수 있고 우리 생활에 도움을 주는지 이해할 수 있습니다.

공공데이터

❶ 〈데이터분석〉 카테고리의 [테이블 불러오기]에서 [테이블 추가하기]를 클릭한 후, 엔트리에 있는 데이터를 활용하기 위해 〈테이블 선택〉을 클릭합니다. 그리고 여러 데이터 중 [국내 코로나19 일일 현황]을 선택한 뒤 [추가] 버튼을 클릭합니다.

★ 참고하세요 | 어떤 데이터인가요?

[국내 코로나19 일일 현황] 데이터는 2020년 발생한 국내 코로나 바이러스 감염증 19의 일일 현황 데이터로 질병관리본부에서 2020년 1월 3일부터 일 단위로 확진자 수와 사망자 수를 기록한 것입니다. 이 데이터를 통해 코로나 바이러스 감염증 19의 확산 추세를 판단, 예측하고 대책을 마련하는 데 참고할 수 있습니다.

❷ 테이블에 [국내 코로나 19 일일 현황] 데이터가 추가되었습니다. 1월부터 약 10월까지 일자별 신규 확진자, 누적 확진자, 신규 사망자, 누적 사망자수를 확인할 수 있습니다. 테이블 이름을 "국내 코로나 19 일일 현황_누적"으로 수정해 저장합니다.

❸ 차트를 눌러 선 그래프를 선택합니다. 차트 이름은 "국내 코로나 19 일일 현황_누적"으로 정하고 가로축은 〈일자〉, 계열은 〈누적 확진자〉와 〈누적 사망자〉만 선택한 뒤 저장합니다.

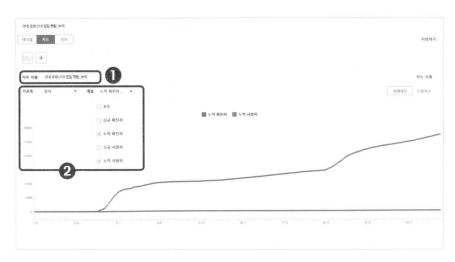

❹ 테이블에 [국내 코로나 19 일일 현황] 데이터를 다시 한 번 더 추가한 뒤 "국내 코로나 19 일일 현황_신규"로 이름을 저장합니다. 그리고 차트를 눌러 선 그래프를 선택합니다. 차트 이름도 "국내 코로나 19 일일 현황_신규"로 정하고, 가로축은 〈일자〉, 계열은 〈신규 확진자〉와 〈신규 사망자〉만 선택한 뒤 저장합니다.

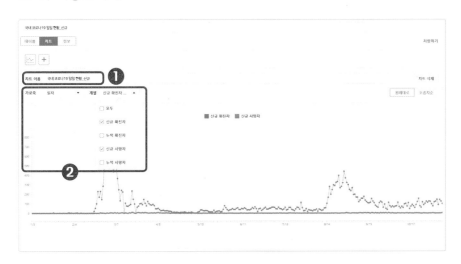

⑤ 테이블에 [국내 코로나 19 일일 현황] 데이터를 다시 한 번 더 추가한 뒤 "국내 코로나 19 일일 현황_전체"로 이름을 저장합니다. 그리고 차트를 눌러 선 그래프를 선택합니다. 차트 이름도 "국내 코로나 19 일일 현황_전체"로 정하고, 가로축은 〈일자〉, 계열은 〈모두〉를 선택한 뒤 저장합니다.

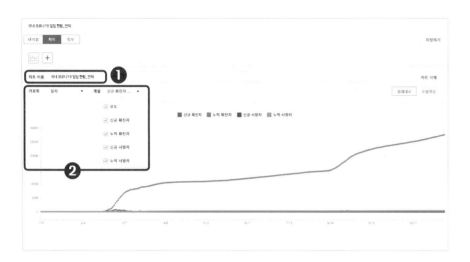

⑥ 〈장면1〉에 기본 '엔트리봇' 오브젝트는 삭제하고 '미래 도시(배경)', '병원(2)', '의사(1)' 오브젝트를 각각 추가한 뒤 적절하게 배치합니다.

❼ '의사(1)' 오브젝트를 선택한 상태에서 다음과 같이 코드를 작성합니다.

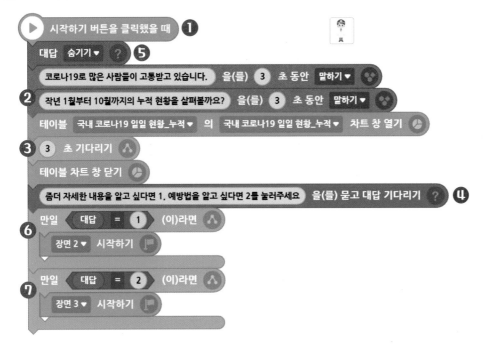

❶ 〈시작〉의 [시작하기 버튼을 클릭했을 때] 블록을 가져옵니다.

❷ 〈생김새〉의 [(안녕!)을 (4)초 동안 말하기] 블록을 2개 가져와 연결하고 첫 번째 블록의 (안녕!) 대신에 (코로나19로 많은 사람들이 고통받고 있습니다.)를, (4)초 대신 (3)초를 입력합니다. 두 번째 블록의 (안녕!) 대신에 (작년 1월부터 10월까지의 누적 현황을 살펴볼까요?)를, (4)초 대신 (3)초를 입력합니다.

❸ 〈데이터분석〉의 [테이블 (국내 코로나19 일일 현황_누적)의 (국내 코로나19 일일 현황_누적) 차트 창 열기]를 가져와 연결하고, 차트창이 일정 시간 후에 닫힐 수 있도록 〈흐름〉의 [(2)초 기다리기]와 〈데이터분석〉의 [테이블 차트 창 닫기]를 차례로 연결합니다. 시간값은 (2)초에서 (3)초로 바꿔 줍니다.

❹ 〈자료〉의 [(안녕!)을 묻고 대답 기다리기]를 가져와 연결하고 (안녕!) 대신에 (좀더 자세한 내용을 알고 싶다면 1, 예방법을 알고 싶다면 2를 눌러주세요)를 입력합니다.

❺ 화면에 대답이 보이지 않게 하기 위해 〈자료〉의 [대답 숨기기]를 [시작하기 버튼을 클릭했을 때] 아래에 연결합니다.

❻ 〈흐름〉의 [만일 (조건)이라면]을 가져와 연결합니다. 대답이 1, 즉 좀더 자세한 상황을 알고 싶다고 했을 때 〈장면2〉가 시작될 수 있도록 (조건)에 〈판단〉의 [(10)=(10)]을 넣고 왼쪽 (10)에는 자료의 [대답] 블록을, 오른쪽 (10)에는 (1)을 입력합니다. 그리고 〈시작〉의 [(장면2) 시작하기]를 그림처럼 넣어 줍니다. 〈장면2〉는 〈장면1〉 옆의 [+]를 눌러서 만듭니다.

❼ 〈흐름〉의 [만일 (조건)이라면]을 하나 더 가져와 연결합니다. 대답이 2, 즉 예방법을 알고 싶다고 했을 때 〈장면3〉이 시작될 수 있도록 (조건)에 〈판단〉의 [(10)=(10)]을 넣고 왼쪽 (10)에는 〈자료〉의 [대답] 블록을, 오른쪽 (10)에는 (2)를 입력합니다. 그리고 〈시작〉의 [(장면3) 시작하기]를 그림처럼 넣어 줍니다. 〈장면3〉은 〈장면2〉 옆의 [+]를 눌러서 만듭니다.

❽ 〈장면2〉에 '책 배경', '글상자1(신규 확진자수)', '글상자2(누적 확진자수)', '글상자3(신규 사망자수)', '글상자4(누적 사망자수)', '물음표 버튼' 오브젝트를 추가합니다.

❾ '물음표 버튼' 오브젝트를 선택한 상태에서 〈모양〉으로 이동합니다. 그림판이 나오면 원 그리기를 선택해 물음표를 가리고, 텍스트를 선택해 "모든 항목 차트보기"라고 입력합니다. 색깔은 원하는 색깔로 선택해 [차트보기] 버튼을 완성합니다.

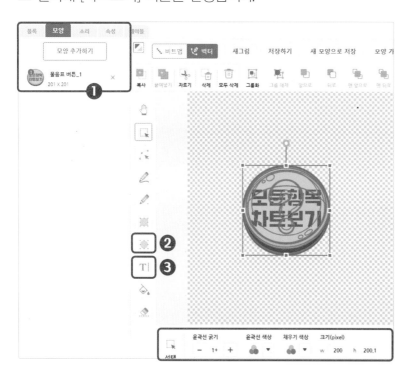

⑩ '물음표 버튼' 오브젝트를 선택한 후 다음과 같이 코드를 작성합니다.

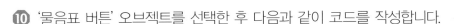

❶ 〈시작〉의 [오브젝트를 클릭했을 때] 블록을 가져옵니다.

❷ 〈데이터분석〉의 [테이블 (국내 코로나19 일일 현황_전체)의 (국내 코로나19 일일 현황_전체) 차트 창 열기] 블록을 가져와 연결합니다.

⑪ 각 '글상자' 오브젝트의 경우 클릭한 상태에 서 글상자에서 글꼴, 글자색, 채우기 색 등 을 변경할 수 있습니다. 원하는 글꼴과 색깔 등을 지정합니다.

⑫ '글상자1(신규 확진자수)'을 선택한 상태에서 다음과 같이 코드를 작성합니다.

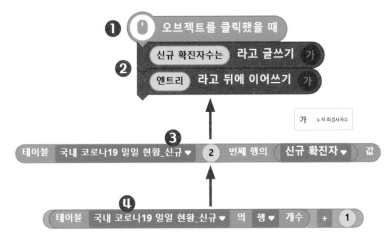

❶ 〈시작〉의 [오브젝트를 클릭했을 때] 블록을 가져옵니다.

❷ 〈글상자〉의 [(엔트리)라고 글쓰기]를 연결하고, (엔트리) 대신 (신규 확진자 수는)을 입력합니다.

❸ 〈글상자〉의 [(엔트리)라고 뒤에 이어쓰 기]를 가져와 연결한 뒤 (엔트리) 자리 에 〈데이터분석〉의 [테이블 (국내 코 로나19 일일 현황_신규) (2)번째 행의 (신규 확진자) 값]을 넣습니다.

❹ 〈행 개수〉 번째의 신규 확진자 수 값이 가장 최근의 값이므로, (2) 대신에 〈계산〉의 [(10)+(10)]을 넣 고 왼쪽 (10)에 〈데이터분석〉의 [테이블 (국내 코로나19 일일 현황_신규)의 행 개수] 블록을 넣습니 다. 그리고 오른쪽 (10)에 (1)을 입력합니다.

※ 데이터가 입력된 행의 수는 314개이나 제일 위에 있는 기본 행까지 315개이므로 제일 최근 데이터값을 읽어 주기 위해 서는 +1을 해야 해요.

⓭ '글상자2(누적 확진자수)'를 선택한 상태에서 다음과 같이 코드를 작성합니다.

❶ 〈시작〉의 [오브젝트를 클릭했을 때] 블록을 가져옵니다.

❷ 〈글상자〉의 [(엔트리)라고 글쓰기]를 연결하고, (엔트리) 대신 (누적 확진자수는)을 입력합니다.

❸ 〈글상자〉의 [(엔트리)라고 뒤에 이어쓰기]를 가져와 연결한 뒤 (엔트리) 자리에 〈데이터분석〉의 [테이블 (국내 코로나19 일일 현황_누적) (2)번째 행의 (누적 확진자) 값]을 넣습니다.

❹ 〈행 개수〉 번째의 누적 확진자 수 값이 가장 최근의 값이므로 (2) 대신에 〈계산〉의 [(10)+(10)]을 넣고 왼쪽 (10)에 〈데이터분석〉의 [테이블 (국내 코로나19 일일 현황_누적)의 행 개수] 블록을 넣습니다. 그리고 오른쪽 (10)에 (1)을 입력합니다.

⓮ '글상자3(신규 사망자수)'를 선택한 상태에서 다음과 같이 코드를 작성합니다.

❶ 〈시작〉의 [오브젝트를 클릭했을 때] 블록을 가져옵니다.

❷ 〈글상자〉의 [(엔트리)라고 글쓰기]를 연결하고, (엔트리) 대신 (신규 사망자수는)을 입력합니다.

❸ 〈글상자〉의 [(엔트리)라고 뒤에 이어쓰기]를 가져와 연결한 뒤 (엔트리) 자리에 〈데이터분석〉의 [테이블 (국내 코로나19 일일 현황_신규) (2)번째 행의 (신규 사망자) 값]을 넣습니다.

❹ 〈행 개수〉 번째의 신규 사망자 수 값이 가장 최근의 값이므로 (2) 대신에 〈계산〉의 [(10)+(10)]을 넣고 왼쪽 (10)에 〈데이터분석〉의 [테이블 (국내 코로나19 일일 현황_신규)의 행 개수] 블록을 넣습니다. 그리고 오른쪽 (10)에 (1)을 입력합니다.

⑮ '글상자4(누적 사망자수)'를 선택한 상태에서 다음과 같이 코드를 작성합니다.

❶ 〈시작〉의 [오브젝트를 클릭했을 때] 블록을 가져옵니다.

❷ 〈글상자〉의 [(엔트리)라고 글쓰기]를 연결하고, (엔트리) 대신 (누적 사망자수는)을 입력합니다.

❸ 〈글상자〉의[(엔트리)라고 뒤에 이어쓰기]를 가져와 연결한 뒤 (엔트리) 자리에 〈데이터분석〉의 [테이블 (국내 코로나19 일일 현황_누적) (2)번째 행의 (누적 사망자) 값]을 넣습니다.

❹ 〈행 개수〉 번째의 누적 사망자 수 값이 가장 최근의 값이므로 (2) 대신에 〈계산〉의 [(10)+(10)]을 넣고 왼쪽 (10)에 〈데이터분석〉의 [테이블 (국내 코로나19 일일 현황_누적)의 행 개수] 블록을 넣습니다. 그리고 오른쪽 (10)에 (1)을 입력합니다.

⑯ 〈장면3〉으로 이동해 '초등학교(배경)', '둥근버튼(앞/뒤)', '글상자1(코로나19 감염예방을 위한 슬기로운 학교생활)' 오브젝트를 추가합니다.

⑰ '초등학교(배경)' 오브젝트를 클릭한 상태에서 〈모양〉으로 이동합니다. [모양 추가하기] 버튼을 눌러 '분홍색 배경'을 추가합니다.

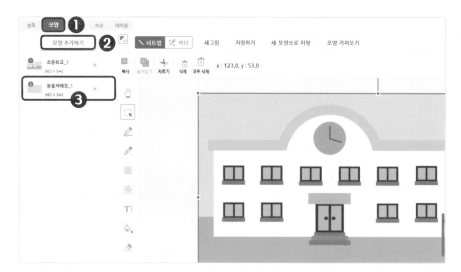

⑱ '초등학교(배경)' 오브젝트를 클릭한 상태에서 다음과 같이 코드를 작성합니다.

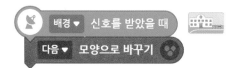

❶ 〈속성〉에서 [신호 추가하기]를 클릭한 뒤 [배경] 신호를 만들어 줍니다.
❷ 〈시작〉의 [(배경) 신호를 받았을 때] 블록을 가져옵니다.
❸ 〈생김새〉의 [다음 모양으로 바꾸기]를 연결합니다.

⑲ '둥근버튼(앞/뒤)' 오브젝트를 선택한 상태에서 다음과 같이 코드를 작성합니다.

❶ 〈시작〉의 [장면이 시작되었을 때]를 가져옵니다.
❷ 〈인공지능〉의 [인공지능 블록 불러오기]를 누른 후 [읽어주기]를 가져옵니다.
❸ 〈읽어주기〉의 [(여성) 목소리를 (빠른) 속도 (보통) 음높이로 설정하기] 블록과 [(엔트리) 읽어주고 기다리기]를 차례대로 연결합니다. 그리고 (엔트리) 대신에 (코로나19 감염예방을 위한 슬기로운 학교생활을 알고 싶다면 버튼을 눌러 주세요.)를 입력합니다.

데이터 활용 프로그램을 만들어요!

㉕ '둥근버튼(앞/뒤)' 오브젝트를 선택한 상태에서 코드를 추가합니다.

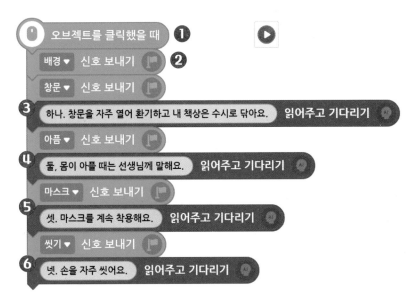

❶ 〈시작〉의 [오브젝트를 클릭했을 때]를 가져옵니다.

❷ 〈시작〉의 [(배경) 신호 보내기]를 연결하고, 〈속성〉에서 신호를 4개(창문, 아픔, 마스크, 씻기) 더 추가합니다.

❸ 〈시작〉에서 방금 추가한 [(창문) 신호 보내기] 블록을 연결합니다. 그리고 〈인공지능〉-〈읽어주기〉의 [(엔트리) 읽어주고 기다리기]를 연결하고 (엔트리) 대신에 (하나. 창문을 자주 열어 환기하고 내 책상은 수시로 닦아요.)를 입력합니다.

❹ 〈시작〉에서 [(아픔) 신호 보내기] 블록을 연결합니다. 그리고 〈인공지능〉-〈읽어주기〉의 [(엔트리) 읽어주고 기다리기]를 연결하고 (엔트리) 대신에 (둘. 몸이 아플 때는 선생님께 말해요.)를 입력합니다.

❺ 〈시작〉에서 [(마스크) 신호 보내기] 블록을 연결합니다. 그리고 〈인공지능〉-〈읽어주기〉의 [(엔트리) 읽어주고 기다리기]를 연결하고 (엔트리) 대신에 (셋. 마스크를 계속 착용해요.)를 입력합니다.

❻ 〈시작〉에서 [(씻기) 신호 보내기] 블록을 연결합니다. 그리고 〈인공지능〉-〈읽어주기〉의 [(엔트리) 읽어주고 기다리기]를 연결하고 (엔트리) 대신에 (넷. 손을 자주 씻어요.)를 입력합니다.

SECTION 11 감염병을 예방해요! 155

㉑ 여기까지 코드를 작성한 상태에서 〈장면3〉에 '창문', '엔트리봇 표정', '타이거마스크', '물방울' 오브젝트를 추가하고, 글상자 4개를 더 추가한 뒤 적절하게 배치합니다. '글상자1'에는 "하나. 창문을 자주 열어 환기해요.", '글상자2'에는 "둘. 몸이 아플 때는 선생님께 말해요.", '글상자3'에는 "셋. 마스크는 계속 착용해요.", '글상자4'에는 "넷. 손을 자주 씻어요."를 각각 적어 줍니다. '엔트리봇 표정' 오브젝트는 〈모양〉에서 '엔트리봇 표정_아픈'으로 변경해 줍니다.

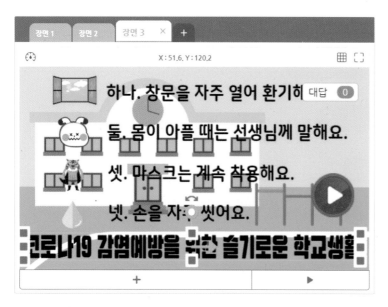

★ 참고하세요 │ '글상자' 오브젝트 수정 방법

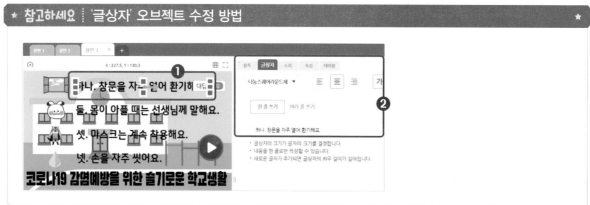

㉒ 추가한 '글상자1'~'글상자4'까지 각각의 오브젝트에 다음과 같이 코드를 작성합니다.

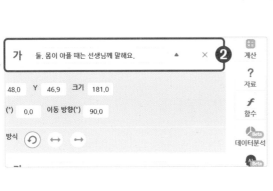

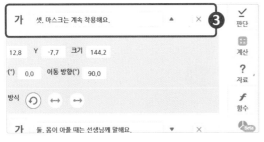

❶ '글상자1' 오브젝트를 선택한 상태에서 〈시작〉의 [장면이 시작되었을 때]를 가져오고 〈생김새〉의 [모양 숨기기]를 연결합니다. 그리고 〈시작〉의 [(창문) 신호를 받았을 때]를 가져오고 〈생김새〉의 [모양 보이기]를 연결합니다.

❷ '글상자2' 오브젝트를 선택한 상태에서 〈시작〉의 [장면이 시작되었을 때]를 가져오고 〈생김새〉의 [모양 숨기기]를 연결합니다. 그리고 〈시작〉의 [(아픔) 신호를 받았을 때]를 가져오고 〈생김새〉의 [모양 보이기]를 연결합니다.

❸ '글상자3' 오브젝트를 선택한 상태에서 〈시작〉의 [장면이 시작되었을 때]를 가져오고 〈생김새〉의 [모양 숨기기]를 연결합니다. 그리고 〈시작〉의 [(마스크) 신호를 받았을 때]를 가져오고 〈생김새〉의 [모양 보이기]를 연결합니다.

❹ '글상자4' 오브젝트를 선택한 상태에서 〈시작〉의 [장면이 시작되었을 때]를 가져오고 〈생김새〉의 [모양 숨기기]를 연결합니다. 그리고 〈시작〉의 [(씻기) 신호를 받았을 때]를 가져오고 〈생김새〉의 [모양 보이기]를 연결합니다.

㉓ 추가한 '창문'~'물방울'까지 각각의 오브젝트에 다음과 같이 코드를 작성합니다.

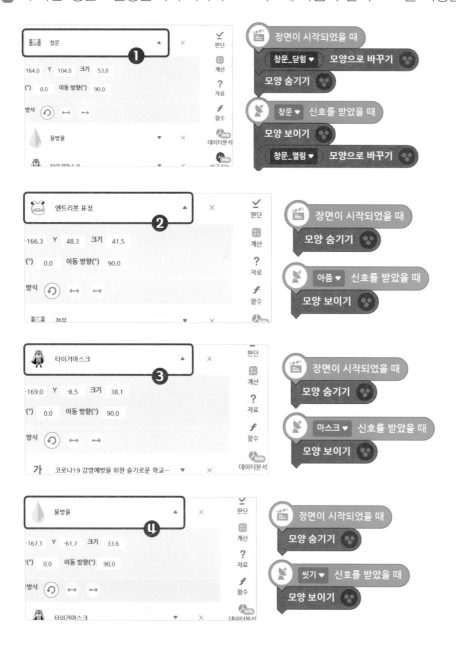

❶ '창문' 오브젝트를 선택한 상태에서 〈시작〉의 [장면이 시작되었을 때]를 가져오고 〈생김새〉의 [(창문_닫힘) 모양으로 바꾸기]와 [모양 숨기기]를 연결합니다. 그리고 〈시작〉의 [(창문) 신호를 받았을 때]를 가져오고 〈생김새〉의 [모양 보이기]와 [(창문_열림) 모양으로 바꾸기]를 연결합니다.

❷ '엔트리봇_표정' 오브젝트를 선택한 상태에서 〈시작〉의 [장면이 시작되었을 때]를 가져오고 〈생김새〉의 [모양 숨기기]를 연결합니다. 그리고 〈시작〉의 [(아픔) 신호를 받았을 때]를 가져오고 〈생김새〉의 [모양 보이기]를 연결합니다.

❸ '타이거마스크' 오브젝트를 선택한 상태에서 〈시작〉의 [장면이 시작되었을 때]를 가져오고 〈생김새〉의 [모양 숨기기]를 연결합니다. 그리고 〈시작〉의 [(마스크) 신호를 받았을 때]를 가져오고 〈생김새〉의 [모양 보이기]를 연결합니다.

❹ '물방울' 오브젝트를 선택한 상태에서 〈시작〉의 [장면이 시작되었을 때]를 가져오고 〈생김새〉의 [모양 숨기기]를 연결합니다. 그리고 〈시작〉의 [(씻기) 신호를 받았을 때]를 가져오고 〈생김새〉의 [모양 보이기]를 연결합니다.

㉔ 〈장면1〉과 〈장면3〉까지 모든 코드를 작성하였습니다. 〈장면1〉에서는 코로나19 현황을 차트로 간단하게 보여 주고 더 상세하게 알아볼 것인지, 예방법을 알아볼 것인지 묻습니다. 〈장면2〉에서는 확진자 수를 비롯한 최신 현황을 알려 주고, 더 자세한 코로나19 현황 차트도 확인 가능합니다. 〈장면3〉에서는 코로나19 감염 예방을 위한 슬기로운 학교생활 수칙을 하나씩 알려 줍니다. [실행하기]를 눌러 프로그램이 잘 실행되는지 확인해 봅시다.

나만의 감염병 예방 프로그램을 완성해요!

차트를 보며 현황을 음성으로 전달해 주는 뉴스 형태의 감염병 예방 프로그램을 만들어 봅시다.

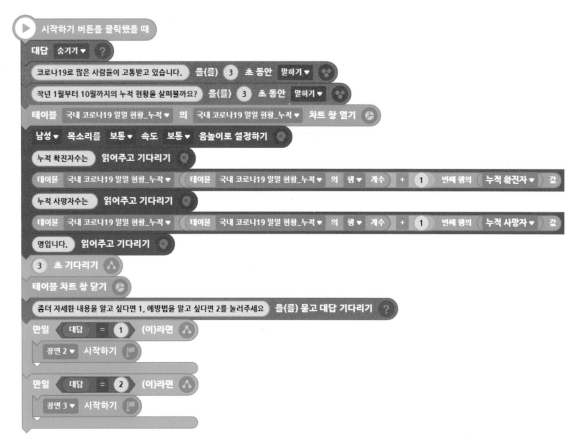

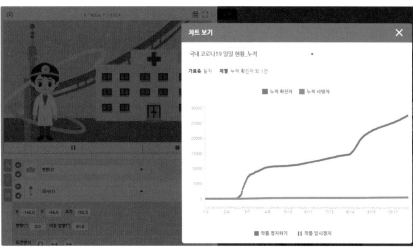

★ 참고하세요 ★

다음 작품을 참고해 나만의 감염병 예방 프로그램을 만들어 보세요!

http://naver.me/G8Uw3nDz

세상의 빛이 되는 공공데이터

코로나와 같은 감염병으로 전 세계 사람들이 고통받고 있을 때 공공데이터를 활용해 감염병에 대한 정보 또는 이를 예방하기 위한 다양한 정보를 많은 사람에게 제공하며 도움을 준 사람들이 있습니다. 대표적인 예가 바로 마스크 알리미 앱입니다. 마스크를 구하기 힘들어하는 사람들에게 그 지역 약국 어디에 마스크가 얼마나 남아 있는지 등의 정보를 사람들에게 제공하며 도움을 준 것이죠. 말 그대로 데이터를 통해 세상의 빛이 되는 일을 한 것이라고 볼 수 있습니다.

이렇게 공공데이터를 활용하면 다른 사람에게 도움을 줄 수 있는 프로그램을 만들 수 있습니다. 그렇다면 이런 공공데이터는 어디서 찾을 수 있을까요? 질병관리본부 감염병 포털에 가면 법정감염병 정보를 이용자들이 손쉽게 활용할 수 있도록 개방형 API(Application Programming Interface) 서비스를 제공하고 있습니다. 감염병 정보에 대한 정확한 내용을 토대로 콘텐츠를 생산하는 데 도움을 주기 위한 목적으로 제공되고 있으며, 누구나 손쉽게 데이터를 활용할 수 있도록 웹서비스 방식으로 서비스를 하고 있지요. 그 밖에도 각종 통계자료와 보도자료 등을 제공하고 있어 감염병에 대한 데이터가 필요할 때 활용할 수 있습니다. 엔트리에 제공되는 코로나19에 대한 데이터 외에 여러분이 활용하고 싶은 데이터를 찾아 세상의 빛이 되는 프로그램을 만들어 보면 어떨까요?

이미지 출처 : 질병관리본부 감염병 포털
(http://www.cdc.go.kr/npt/biz/npp/api/nppOpenApiIntrMain.do)

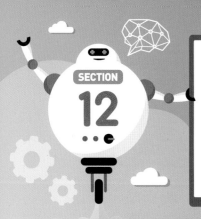

SECTION
12

우리나라에
이렇게 많은 학교가!

엔트리의 데이터를 활용해 전국 초등학교, 중학교, 고등학교의 위치를 확인하고,
사용자가 궁금해하는 학교의 위치 정보를 제공하는 프로그램을 만들어요.

수업 길잡이

난이도 ★★★☆☆
소요시간 20분 이상
학습영역 데이터 과학 /
데이터 분석
준비물 PC 또는 노트북,
사이트 주소 알기
(https://playentry.org/)

AI 프로그래밍을 준비해요!

활동 목표
전국 초, 중, 고등학교 위치 데이터를
분석하고, 사용자가 궁금해하는 학교 위치
정보를 제공하는 프로그램 만들기

활동 약속
데이터 시각화의 개념 이해하기

성취기준을 달성해요!

수업 활동

 [6실04-10] 자료를 입력하고 필요한 처리를
수행한 후 결과를 출력하는 단순한 프로그램을
설계한다.

 K11-12 : 인공지능이 많은 소프트웨어 및
물리적 시스템을 어떻게 운영하는지 설명한다.
(K12 CSS)

이 놀이는

데이터 시각화

전국 초등학교, 중학교, 고등학교의 분포를 시각화하여 살펴보고 사용자가 원하는 학교의 위치 정보를
제공하는 프로그램을 만들어 보는 활동입니다. 이를 통해 데이터 시각화가 왜 필요한지, 어떤 점에서
활용할 수 있는지를 이해할 수 있습니다.

❶ 〈데이터분석〉 카테고리를 클릭한 후 [테이블 불러오기] 버튼을 누릅니다.

❷ [테이블 추가하기]를 클릭한 후 엔트리에 있는 데이터를 활용하기 위해 〈테이블 선택〉을 클릭합니다. 그리고 여러 데이터 중 [전국 초등학교 위치], [전국 중학교 위치], [전국 고등학교 위치]를 선택한 뒤 [추가] 버튼을 클릭합니다.

★ 참고하세요 ┆ 어떤 데이터인가요?

[전국 초등학교 위치] 데이터는 2019년 9월을 기준으로 전국에 운영되고 있는 모든 초등학교의 위치를 위도와 경도로 표현한 데이터입니다. 이 통계를 통해 지역별 초등학교의 수를 알 수 있으며 위도와 경도를 통해 특정 지역에 학교가 얼마나 몰려 있는지 밀집도 등을 확인할 수 있습니다. [전국 중학교 위치], [전국 고등학교 위치] 데이터도 동일합니다.

❸ 테이블에 [전국 초등학교 위치], [전국 중학교 위치], [전국 고등학교 위치] 데이터가 추가되었습니다. 학교의 이름, 지역, 위도, 경도를 확인할 수 있습니다. 원데이터를 그대로 활용할 예정이므로 행과 열을 그대로 둡니다.

❹ 차트를 눌러 점 그래프를 선택합니다. 차트의 제목은 원데이터 제목 그대로 "전국 초등학교 위치"로 하고 가로축은 ⟨위도⟩, 세로축은 ⟨경도⟩, 계열은 ⟨지역⟩으로 설정한 뒤 저장합니다.

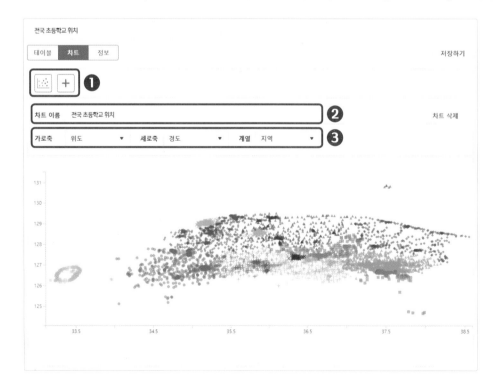

⑤ 테이블에서 〈전국 중학교 위치〉를 선택한 뒤 차트를 눌러 점 그래프로 표현합니다. 차트의 제목은 원데이터 제목 그대로 "전국 중학교 위치"로 하고, 가로축은 〈위도〉, 세로축은 〈경도〉, 계열은 〈지역〉으로 설정한 뒤 저장합니다.

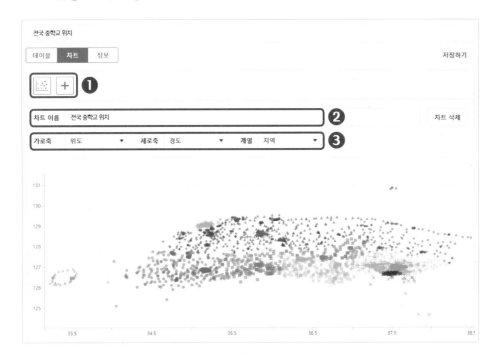

⑥ 테이블에서 〈전국 고등학교 위치〉를 선택한 뒤 차트를 눌러 점 그래프로 표현합니다. 차트의 제목은 원데이터 제목 그대로 "전국 고등학교 위치"로 하고, 가로축은 〈위도〉, 세로축은 〈경도〉, 계열은 〈지역〉으로 설정한 뒤 저장합니다.

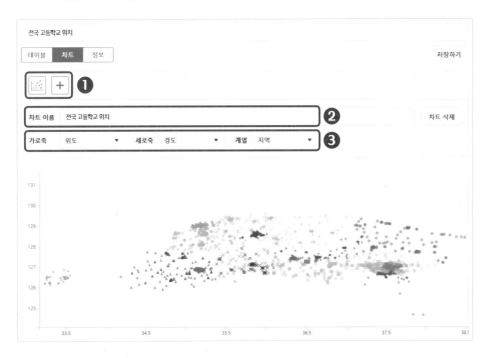

7 〈장면1〉에 기본 '엔트리봇' 오브젝트는 삭제하고 '학교 배경', '선생님(3)' 오브젝트를 각각 추가한 뒤 적절하게 배치합니다.

8 '선생님(3)' 오브젝트를 선택한 상태에서 다음과 같이 코드를 작성합니다.

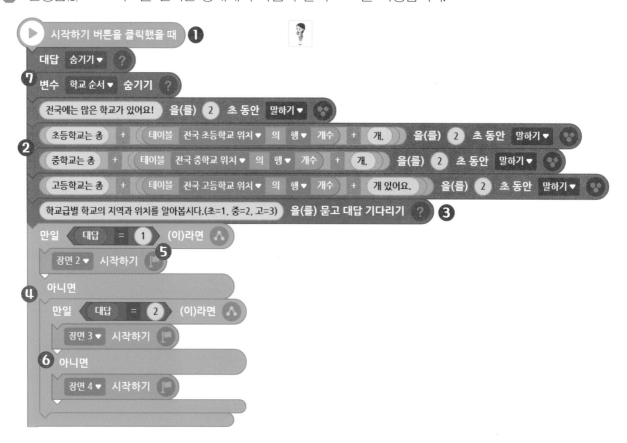

❶ 〈시작〉의 [시작하기 버튼을 클릭했을 때] 블록을 가져옵니다.

❷ 〈생김새〉의 [(안녕)을 (4)초 동안 말하기]를 4개 가져와 차례대로 연결합니다.

　– (안녕) 대신 (전국에는 많은 학교가 있어요)를, (4)초 대신 (2)초를 입력합니다.

　– (안녕) 대신 〈계산〉의 [(10)+(10)]을 넣고 왼쪽 (10)에 한 번 더 [(10)+(10)]을 넣습니다. 첫 번째 (10)
　에는 (초등학교는 총)을, 두 번째 (10)에는 〈데이터분석〉의 [테이블 (전국 초등학교의 위치)의 (행)
　개수]를, 세 번째 (10)에는 (개,)를 입력합니다. [테이블 (전국 초등학교의 위치)의 (행) 개수]는 전
　체 초등학교의 개수와 같습니다. 시간값은 (4)초 대신 (2)초로 바꿔 줍니다.

　– (안녕) 대신 〈계산〉의 [(10)+(10)]을 넣고 왼쪽 (10)에 한 번 더 [(10)+(10)]을 넣습니다. 첫 번째 (10)
　에는 (중학교는 총)을, 두 번째 (10)에는 〈데이터분석〉의 [테이블 (전국 중학교의 위치)의 (행) 개
　수]를, 세 번째 (10)에는 (개,)를 입력합니다. [테이블 (전국 중학교의 위치)의 (행) 개수]는 전체 중
　학교의 개수와 같습니다. 시간값은 (4)초 대신 (2)초로 바꿔 줍니다.

　– (안녕) 대신 〈계산〉의 [(10)+(10)]을 넣고 왼쪽 (10)에 한 번 더 [(10)+(10)]을 넣습니다. 첫 번째 (10)
　에는 (고등학교는 총)을, 두 번째 (10)에는 〈데이터분석〉의 [테이블 (전국 고등학교의 위치)의 (행)
　개수]를, 세 번째 (10)에는 (개 있어요.)를 입력합니다. [테이블 (전국 고등학교의 위치)의 (행) 개수]
　는 전체 고등학교의 개수와 같습니다. 시간값은 (4)초 대신 (2)초로 바꿔 줍니다.

❸ 〈자료〉의 [(안녕)을 묻고 대답 기다리기] 블록을 가져와 연결하고 (안녕) 대신에 (학교급별 학교의 지
역과 위치를 알아봅시다. (초=1, 중=2, 고=3))을 입력합니다.

❹ 대답이 총 3개의 경우가 나올 수 있으므로 〈흐름〉의 [만일 (조건)이라면, 아니면]을 연결하고, 아니
면 속에 다시 〈흐름〉의 [만일 (조건)이라면, 아니면]을 넣습니다.

❺ 대답이 1 즉, 초등학교의 지역과 위치를 알고 싶다고 했을 때 〈장면2〉가 시작될 수 있도록 (조건)
에 〈판단〉의 [(10)=(10)]을 넣고 왼쪽 (10)에는 〈자료〉의 [대답] 블록을, 오른쪽 (10)에는 숫자 (1)을 입
력합니다. 그리고 〈시작〉의 [(장면2) 시작하기]를 넣어 줍니다. 〈장면2〉는 〈장면1〉 옆의 [+]를 눌러
서 만듭니다.

❻ 대답이 2 즉, 중학교의 지역과 위치를 알고 싶다고 했을 때 〈장면3〉이 시작될 수 있도록 (조건)에 〈판
단〉의 [(10)=(10)]을 넣고 왼쪽 (10)에는 〈자료〉의 [대답] 블록을, 오른쪽 (10)에는 숫자 (2)를 입력합니다.
그리고 〈시작〉의 [(장면3) 시작하기]를 넣어 줍니다. 아닌 경우 즉, 고등학교의 지역과 위치를 알고
싶다면 〈장면4〉가 시작될 수 있도록 〈시작〉의 [(장면4) 시작하기]를 아니면 아래에 넣어 줍니다. 〈장
면3〉과 〈장면4〉는 〈장면2〉 옆의 [+]를 눌러서 만듭니다.

❼ 대답과 변수를 숨기고 싶다면 〈자료〉의 [대답 숨기기]와 [변수 (학교순서) 숨기기]를 연결합니다. 변
수는 〈장면2〉에서 사용되어 여러분의 경우 아직 [변수 (학교순서) 숨기기] 블록이 보이지 않습니다.
이 코드는 전체 코드 작성의 제일 마지막에 해도 좋습니다.

⑨ 〈장면2〉에 '들판(4)', '투명배경', '학교', '글상자1(학교이름)', '글상자2(지역)', '글상자3(초등학교의 지역별 분포도를 알고 싶다면 학교를 클릭하세요.)' 오브젝트를 추가합니다.

⑩ 오브젝트의 순서에도 유의해야 합니다. 글씨가 다른 오브젝트에 가려지지 않게 글상자 오브젝트들이 제일 위쪽으로 오고 '투명배경'의 경우 '들판(4)'보다는 위에 있어야 '들판(4)' 오브젝트가 약간 흐리게 보이는 효과를 줄 수 있습니다. 오브젝트 목록의 순서는 드래그&드롭으로 바꿀 수 있습니다.

⓫ '학교' 오브젝트를 선택한 상태에서 다음과 같이 코드를 작성합니다.

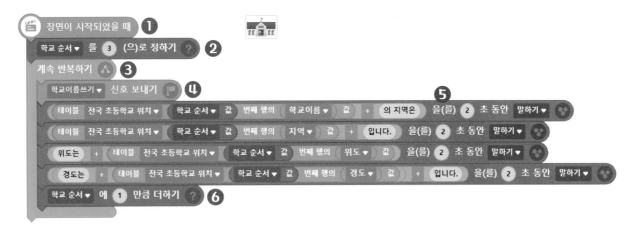

❶ 〈시작〉의 [장면이 시작되었을 때]를 가져옵니다.

❷ 〈속성〉에서 [변수 추가하기]를 클릭한 뒤 [학교 순서] 변수를 만들어 줍니다. 〈자료〉의 [(학교 순서)를 (10)으로 정하기]를 가져온 뒤 (10) 대신 (3)으로 바꿔 줍니다.

❸ 〈흐름〉에서 [계속 반복하기] 블록을 가져와 연결합니다.

❹ 〈속성〉에서 [신호 추가하기]를 클릭한 뒤 [학교이름쓰기] 신호를 만들어 줍니다. 〈시작〉의 [(학교이름쓰기) 신호 보내기]를 가져와 연결합니다.

❺ 〈생김새〉의 [(안녕)을 (4)초 동안 말하기] 블록 4개 가져와 차례로 연결합니다.

　－ (안녕) 대신 〈계산〉의 [(10)+(10)]을 넣고 왼쪽 (10)에는 〈데이터분석〉의 [테이블 (전국 초등학교의 위치) (2)번째 행의 (학교이름)값] 블록을 가져옵니다. 그리고 (2)번째 속에 〈자료〉의 [학교 순서값] 블록을 넣어 줍니다. 오른쪽 (10)에는 (의 지역은)을 입력하고, 시간 값은 (4)초 대신 (2)초로 바꿔 줍니다.

　－ (안녕) 대신 〈계산〉의 [(10)+(10)]을 넣고 왼쪽 (10)에는 〈데이터분석〉의 [테이블 (전국 초등학교의 위치) (2)번째 행의 (지역)값] 블록을 가져옵니다. 그리고 (2)번째 속에 〈자료〉의 [학교 순서값] 블록을 넣어 줍니다. 오른쪽 (10)에는 (입니다.)를 입력하고, 시간 값은 (4)초 대신 (2)초로 바꿔 줍니다.

　－ (안녕) 대신 〈계산〉의 [(10)+(10)]을 넣고 왼쪽 (10)에는 (위도는)을 입력하고, 오른쪽 (10)에는 〈데이터분석〉의 [테이블 (전국 초등학교의 위치) (2)번째 행의 (위도)값] 블록을 가져옵니다. 그리고 (2)번째 속에 〈자료〉의 [학교 순서값] 블록을 넣고, 시간 값은 (4)초 대신 (2)초로 바꿔 줍니다.

　－ (안녕) 대신 〈계산〉의 [(10)+(10)]을 넣고 왼쪽 (10)에는 다시 한 번 더 [(10)+(10)]을 넣고 오른쪽 (10)에는 (입니다.)를 입력합니다. 하나 더 넣은 왼쪽 (10)에는 (경도는)을 입력하고 오른쪽 (10)에는 〈데이터분석〉의 [테이블 (전국 초등학교의 위치) (2)번째 행의 (경도)값] 블록을 가져옵니다. 그리고 (2)번째 속에 〈자료〉의 [학교 순서값] 블록을 넣고 시간 값은 (4)초 대신 (2)초로 바꿔 줍니다.

❻ 각 초등학교의 이름, 지역, 위도, 경도의 데이터를 가나다 순으로 순서대로 하나씩 알려 주기 위해 〈자료〉의 [(학교 순서)에 (1)만큼 더하기] 블록을 가져와 연결합니다.

⑫ '학교' 오브젝트를 그대로 선택한 상태에서 다음과 같이 코드를 추가합니다.

❶ 〈시작〉의 [오브젝트를 클릭했을 때] 블록을 가져옵니다.
❷ 〈데이터분석〉의 [테이블 (전국 초등학교 위치)의 (전국 초등학교 위치) 차트 창 열기] 블록을 가져
와 연결합니다.

⑬ '글상자1(학교이름)'을 선택한 상태에서 다음과 같이 코드를 작성합니다.

❶ 〈시작〉의 [(학교이름쓰기) 신호를 받았을 때] 블록을 가져옵니다.
❷ 〈글상자〉의 [(엔트리)라고 글쓰기]를 연결하고, (엔트리) 대신 〈데이터분석〉의 [테이블 (전국 초등학교
위치) (2)번째 행의 (학교이름)값]을 넣습니다. 그리고 (2)번째 행에 〈자료〉의 [학교 순서값] 블록을
넣어 줍니다.

⑭ '글상자2(지역)'를 선택한 상태에서 다음과 같이 코드를 작성합니다.

❶ 〈시작〉의 [(학교이름쓰기) 신호를 받았을 때] 블록을 가져옵니다.
❷ 〈글상자〉의 [(엔트리)라고 글쓰기]를 연결하고, (엔트리) 대신 〈데이터분석〉의 [테이블 (전국 초등학
교 위치) (2)번째 행의 (지역)값]을 넣습니다. 그리고 (2)번째 행에 〈자료〉의 [학교 순서값] 블록을 넣
어 줍니다.

⓯ '글상자3(초등학교의 지역별 분포도를 알고 싶다면 학교를 클릭하세요.)'을 선택한 상태에서 다음과 같이 코드를 작성합니다.

❶ 〈시작〉의 [장면이 시작되었을 때] 블록을 가져옵니다.

❷ 자막이 흐르는 듯한 효과를 주기 위해 〈흐름〉의 [계속 반복하기] 블록을 가져옵니다.

❸ 〈흐름〉의 [(조건)이 될 때까지 반복하기] 블록을 가져와 [계속 반복하기] 속에 넣습니다.

❹ (조건) 속에 〈판단〉의 [(10)=(10)]을 넣고 왼쪽 (10)에는 〈계산〉의 [(초등학교의 지역별 분포도를 알고 싶다면 학교를 클릭하세요.)의 x 좌표값]을 넣습니다. 그리고 오른쪽 (10)에는 (−300)을 입력합니다. 글상자가 처음 위치인 410에서 −300의 위치가 될 때까지 반복하라는 의미입니다.

❺ 조건을 만족할 때까지 글상자를 움직이기 위해 〈움직임〉의 [x 좌표를 (10)만큼 바꾸기]를 넣고 (10) 대신 (−10)을 입력합니다. 그리고 이동하는 모습이 자연스럽게 보이기 위해 〈흐름〉의 [(2)초 기다리기]를 연결하고 (2)초 대신 (0.2)초를 입력합니다.

❻ 조건을 만족할 때까지 반복한 뒤 다시 처음 위치로 오기 위해 〈움직임〉의 [x: (0), y: (0) 위치로 이동하기] 블록을 넣고 x 좌표의 값을 (410)으로, y 좌표의 값을 (−115)로 바꿔 줍니다.

⑯ 〈장면3〉에 '잔디 언덕(1)', '투명배경', '학교_2', '글상자1(학교이름)', '글상자2(지역)', '글상자3(중학교의 지역별 분포도를 알고 싶다면 학교를 클릭하세요.)' 오브젝트를 추가합니다. 장면을 추가하지 않고 장면2를 복제하기를 한 다음에 필요한 오브젝트는 추가하고 필요하지 않은 오브젝트는 삭제해도 좋습니다. 단, 오브젝트를 삭제하기 전에 코드를 복사해 놓으면 편리합니다.

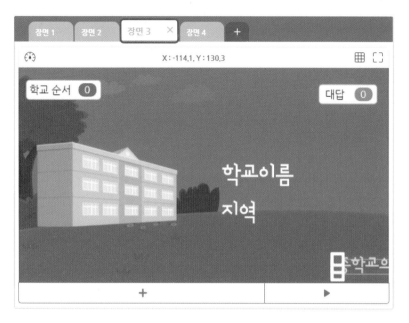

⑰ 〈장면3〉에서도 마찬가지로 오브젝트의 순서에 유의합니다. 글씨가 다른 오브젝트에 가려지지 않게 '글상자' 오브젝트들이 제일 위쪽으로 오고 '투명배경1'의 경우 '잔디 언덕(1)'보다는 위에 있어야 '잔디 언덕(1)' 오브젝트가 약간 흐리게 보이는 효과를 줄 수 있습니다.

⑱ '학교_2' 오브젝트를 선택한 상태에서 다음과 같이 코드를 작성합니다.

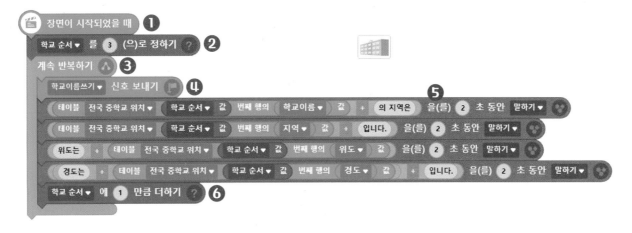

❶ 〈시작〉의 [장면이 시작되었을 때]를 가져옵니다.

❷ 〈자료〉의 [(학교순서)를 (10)으로 정하기]를 가져온 뒤 (10) 대신 (3)으로 바꿔 줍니다.

❸ 〈흐름〉에서 [계속 반복하기] 블록을 가져와 연결합니다.

❹ 〈시작〉의 [(학교이름쓰기) 신호 보내기]를 가져와 연결합니다.

❺ 〈생김새〉의 [(안녕)을 (4)초 동안 말하기] 블록 4개 가져와 차례로 연결합니다.

　– (안녕) 대신 〈계산〉의 [(10)+(10)]을 넣고 왼쪽 (10)에는 〈데이터분석〉의 [테이블 (전국 중학교의 위치) (2)번째 행의 (학교이름)값] 블록을 가져옵니다. 그리고 (2)번째 속에 〈자료〉의 [학교 순서값] 블록을 넣어 줍니다. 오른쪽 (10)에는 (의 지역은)을 입력하고, 시간 값은 (4)초 대신 (2)초로 바꿔 줍니다.

　– (안녕) 대신 〈계산〉의 [(10)+(10)]을 넣고 왼쪽 (10)에는 〈데이터분석〉의 [테이블 (전국 중학교의 위치) (2)번째 행의 (지역)값] 블록을 가져옵니다. 그리고 (2)번째 속에 〈자료〉의 [학교 순서값] 블록을 넣어 줍니다. 오른쪽 (10)에는 (입니다.)를 입력하고, 시간 값은 (4)초 대신 (2)초로 바꿔 줍니다.

　– (안녕) 대신 〈계산〉의 [(10)+(10)]을 넣고 왼쪽 (10)에는 (위도는)을 입력하고, 오른쪽 (10)에는 〈데이터분석〉의 [테이블 (전국 중학교의 위치) (2)번째 행의 (위도)값] 블록을 가져옵니다. 그리고 (2)번째 속에 〈자료〉의 [학교 순서값] 블록을 넣고, 시간 값은 (4)초 대신 (2)초로 바꿔 줍니다.

　– (안녕) 대신 〈계산〉의 [(10)+(10)]을 넣고 왼쪽 (10)에는 다시 한 번 더 [(10)+(10)]을 넣고 오른쪽 (10)에는 (입니다.)를 입력합니다. 하나 더 넣은 왼쪽 (10)에는 (경도는)을 입력하고, 오른쪽 (10)에는 〈데이터분석〉의 [테이블 (전국 중학교의 위치) (2)번째 행의 (경도)값] 블록을 가져옵니다. 그리고 (2)번째 속에 〈자료〉의 [학교 순서값] 블록을 넣고, 시간 값은 (4)초 대신 (2)초로 바꿔 줍니다.

❻ 각 중학교의 이름, 지역, 위도, 경도의 데이터를 가나다 순으로 순서대로 하나씩 알려 주기 위해 〈자료〉의 [(학교 순서)에 (1)만큼 더하기] 블록을 가져와 연결합니다.

⑲ '학교_2' 오브젝트를 그대로 선택한 상태에서 다음과 같이 코드를 추가합니다.

❶ 〈시작〉의 [오브젝트를 클릭했을 때] 블록을 가져옵니다.
❷ 〈데이터분석〉의 [테이블 (전국 중학교 위치)의 (전국 중학교 위치) 차트 창 열기] 블록을 가져와 연결합니다.

⑳ '글상자1(학교이름)'을 선택한 상태에서 다음과 같이 코드를 작성합니다.

❶ 〈시작〉의 [(학교이름쓰기) 신호를 받았을 때] 블록을 가져옵니다.
❷ 〈글상자〉의 [(엔트리)라고 글쓰기]를 연결하고, (엔트리) 대신 〈데이터분석〉의 [테이블 (전국 중학교 위치) (2)번째 행의 (학교이름)값]을 넣습니다. 그리고 (2)번째 행에 〈자료〉의 [학교 순서값] 블록을 넣어 줍니다.

㉑ '글상자2(지역)'를 선택한 상태에서 다음과 같이 코드를 작성합니다.

❶ 〈시작〉의 [(학교이름쓰기) 신호를 받았을 때] 블록을 가져옵니다.
❷ 〈글상자〉의 [(엔트리)라고 글쓰기]를 연결하고, (엔트리) 대신 〈데이터분석〉의 [테이블 (전국 중학교 위치) (2)번째 행의 (지역)값]을 넣습니다. 그리고 (2)번째 행에 〈자료〉의 [학교 순서값] 블록을 넣어 줍니다.

㉒ '글상자3(중학교의 지역별 분포도를 알고 싶다면 학교를 클릭하세요.)'을 선택한 상태에서 다음과 같이 코드를 작성합니다.

❶ 〈시작〉의 [장면이 시작되었을 때] 블록을 가져옵니다.

❷ 자막이 흐르는 듯한 효과를 주기 위해 〈흐름〉의 [계속 반복하기] 블록을 가져옵니다.

❸ 〈흐름〉의 [(조건)이 될 때까지 반복하기] 블록을 가져와 [계속 반복하기] 속에 넣습니다.

❹ (조건) 속에 〈판단〉의 [(10)=(10)]을 넣고 왼쪽 (10)에는 〈계산〉의 [(중학교의 지역별 분포도를 알고 싶다면 학교를 클릭하세요.)의 x 좌표값]을 넣습니다. 그리고 오른쪽 (10)에는 (−300)을 입력합니다. 글상자가 처음 위치인 410에서 −300의 위치가 될 때까지 반복하라는 의미입니다.

❺ 조건을 만족할 때까지 글상자를 움직이기 위해 〈움직임〉의 [x 좌표를 (10)만큼 바꾸기]를 넣고 (10) 대신 (−10)을 입력합니다. 그리고 이동하는 모습이 자연스럽게 보이기 위해 〈흐름〉의 [(2)초 기다리기]를 연결하고 (2)초 대신 (0.2)초를 입력합니다.

❻ 조건을 만족할 때까지 반복한 뒤 다시 처음 위치로 오기 위해 〈움직임〉의 [x: (0), y: (0)위치로 이동하기] 블록을 넣고 x 좌표의 값을 (410)으로, y 좌표의 값을 (−115)로 바꿔 줍니다.

㉓ 〈장면4〉에 '미래 도시', '투명배경', '건물(8)', '글상자1(학교이름)', '글상자2(지역)', '글상자3(고등학교의 지역별 분포도를 알고 싶다면 학교를 클릭하세요.)' 오브젝트를 추가합니다. 장면을 추가하지 않고 〈장면3〉을 복제하기를 한 다음에 필요한 오브젝트는 추가하고 필요하지 않은 오브젝트는 삭제해도 좋습니다.

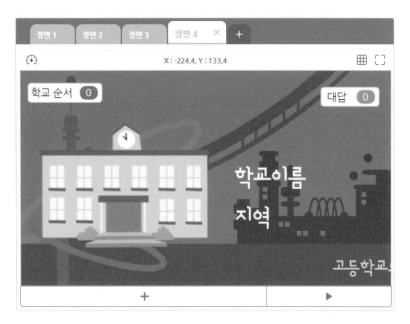

㉔ 〈장면4〉에서도 마찬가지로 오브젝트의 순서에 유의합니다. 글씨가 다른 오브젝트에 가려지지 않게 '글상자' 오브젝트들이 제일 위쪽으로 오고 '투명배경2'의 경우 '미래 도시'보다는 위에 있어야 '미래 도시' 오브젝트가 약간 흐리게 보이는 효과를 줄 수 있습니다.

㉕ '건물(8)' 오브젝트를 선택한 상태에서 다음과 같이 코드를 작성합니다.

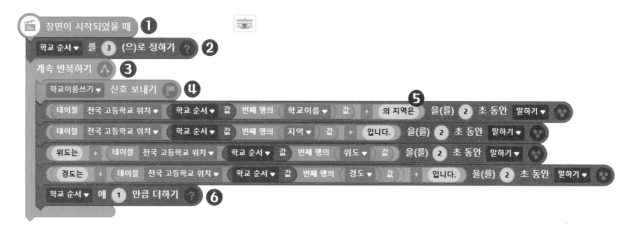

❶ 〈시작〉의 [장면이 시작되었을 때]를 가져옵니다.

❷ 〈자료〉의 [(학교 순서)를 (10)으로 정하기]를 가져온 뒤 (10) 대신 (3)으로 바꿔 줍니다.

❸ 〈흐름〉에서 [계속 반복하기] 블록을 가져와 연결합니다.

❹ 〈시작〉의 [(학교이름쓰기) 신호 보내기]를 가져와 연결합니다.

❺ 〈생김새〉의 [(안녕)을 (4)초 동안 말하기] 블록 4개 가져와 차례로 연결합니다.

  – (안녕) 대신 〈계산〉의 [(10)+(10)]을 넣고, 왼쪽 (10)에는 〈데이터분석〉의 [테이블 (전국 고등학교의 위치) (2)번째 행의 (학교이름)값] 블록을 가져옵니다. 그리고 (2)번째 속에 〈자료〉의 [학교 순서 값] 블록을 넣어 줍니다. 오른쪽 (10)에는 (의 지역은)을 입력하고, 시간 값은 (4)초 대신 (2)초로 바꿔 줍니다.

  – (안녕) 대신 〈계산〉의 [(10)+(10)]을 넣고 왼쪽 (10)에는 〈데이터분석〉의 [테이블 (전국 고등학교의 위치) (2)번째 행의 (지역)값] 블록을 가져옵니다. 그리고 (2)번째 속에 〈자료〉의 [학교 순서값] 블록을 넣어 줍니다. 오른쪽 (10)에는 (입니다.)를 입력하고, 시간 값은 (4)초 대신 (2)초로 바꿔 줍니다.

  – (안녕) 대신 〈계산〉의 [(10)+(10)]을 넣고 왼쪽 (10)에는 (위도는)을 입력하고 오른쪽 (10)에는 〈데이터분석〉의 [테이블 (전국 고등학교의 위치) (2)번째 행의 (위도)값] 블록을 가져옵니다. 그리고 (2)번째 속에 〈자료〉의 [학교 순서값] 블록을 넣고, 시간 값은 (4)초 대신 (2)초로 바꿔 줍니다.

  – (안녕) 대신 〈계산〉의 [(10)+(10)]을 넣고 왼쪽 (10)에는 다시 한 번 더 [(10)+(10)]을 넣고, 오른쪽 (10)에는 (입니다.)를 입력합니다. 하나 더 넣은 왼쪽 (10)에는 (경도는)을 입력하고, 오른쪽 (10)에는 〈데이터분석〉의 [테이블 (전국 고등학교의 위치) (2)번째 행의 (경도)값] 블록을 가져옵니다. 그리고 (2)번째 속에 〈자료〉의 [학교 순서값] 블록을 넣고, 시간 값은 (4)초 대신 (2)초로 바꿔 줍니다.

❻ 각 고등학교의 이름, 지역, 위도, 경도의 데이터를 가나다 순으로 순서대로 하나씩 알려 주기 위해 〈자료〉의 [(학교 순서)에 (1)만큼 더하기] 블록을 가져와 연결합니다.

㉖ '건물(8)' 오브젝트를 그대로 선택한 상태에서 다음과 같이 코드를 추가합니다.

❶ 〈시작〉의 [오브젝트를 클릭했을 때] 블록을 가져옵니다.
❷ 〈데이터분석〉의 [테이블 (전국 고등학교 위치)의 (전국 고등학교 위치) 차트 창 열기] 블록을 가져
와 연결합니다.

㉗ '글상자1(학교이름)'을 선택한 상태에서 다음과 같이 코드를 작성합니다.

❶ 〈시작〉의 [(학교이름쓰기) 신호를 받았을 때] 블록을 가져옵니다.
❷ 〈글상자〉의 [(엔트리)라고 글쓰기]를 연결하고, (엔트리) 대신 〈데이터분석〉의 [테이블 (전국 고등학교
위치) (2)번째 행의 (학교이름)값]을 넣습니다. 그리고 (2)번째 행에 〈자료〉의 [학교 순서값] 블록을
넣어 줍니다.

㉘ '글상자2(지역)'를 선택한 상태에서 다음과 같이 코드를 작성합니다.

❶ 〈시작〉의 [(학교이름쓰기) 신호를 받았을 때] 블록을 가져옵니다.
❷ 〈글상자〉의 [(엔트리)라고 글쓰기]를 연결하고, (엔트리) 대신 〈데이터분석〉의 [테이블 (전국 고등학
교 위치) (2)번째 행의 (지역)값]을 넣습니다. 그리고 (2)번째 행에 〈자료〉의 [학교 순서값] 블록을 넣
어 줍니다.

㉙ '글상자3(고등학교의 지역별 분포도를 알고 싶다면 학교를 클릭하세요.)'을 선택한 상태에서 다음과
같이 코드를 작성합니다.

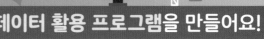

❶ 〈시작〉의 [장면이 시작되었을 때] 블록을 가져옵니다.

❷ 자막이 흐르는 듯한 효과를 주기 위해 〈흐름〉의 [계속 반복하기] 블록을 가져옵니다.

❸ 〈흐름〉의 [(조건)이 될 때까지 반복하기] 블록을 가져와 [계속 반복하기] 속에 넣습니다.

❹ (조건) 속에 〈판단〉의 [(10)=(10)]을 넣고 왼쪽 (10)에는 〈계산〉의 [(고등학교의 지역별 분포도를 알고 싶다면 학교를 클릭하세요.)의 x 좌표값]을 넣습니다. 그리고 오른쪽 (10)에는 (−300)을 입력합니다. 글상자가 처음 위치인 410에서 −300의 위치가 될 때까지 반복하라는 의미입니다.

❺ 조건을 만족할 때까지 글상자를 움직이기 위해 〈움직임〉의 [x 좌표를 (10)만큼 바꾸기]를 넣고 (10) 대신 (−10)을 입력합니다. 그리고 이동하는 모습이 자연스럽게 보이기 위해 〈흐름〉의 [(2)초 기다리기]를 연결하고 (2)초 대신 (0.2)초를 입력합니다.

❻ 조건을 만족할 때까지 반복한 뒤 다시 처음 위치로 오기 위해 〈움직임〉의 [x: (0), y: (0) 위치로 이동하기] 블록을 넣고 x 좌표의 값을 (410)으로, y 좌표의 값을 (−115)로 바꿔 줍니다.

㉚ 〈장면1〉과 〈장면4〉까지 모든 코드를 작성하였습니다. 〈장면1〉에서는 전국에 있는 초등학교, 중학교, 고등학교의 수를 알려 주고 학교급별 학교 이름과 지역 등의 정보를 더 자세히 알아보기 위해 선택하도록 합니다. 〈장면2〉에서는 전국에 있는 초등학교의 이름과 지역, 위치 정보를 가나다순으로 알려 주고 지역별 분포도 그래프를 확인할 수 있습니다. 〈장면3〉에서는 전국에 있는 중학교의 이름과 지역, 위치 정보를 가나다순으로 알려 주고 지역별 분포도 그래프를 확인할 수 있습니다. 〈장면4〉에서는 전국에 있는 고등학교의 이름과 지역, 위치 정보를 가나다순으로 알려 주고 지역별 분포도 그래프를 확인할 수 있습니다. [실행하기]를 눌러 프로그램이 잘 실행되는지 확인해 봅시다.

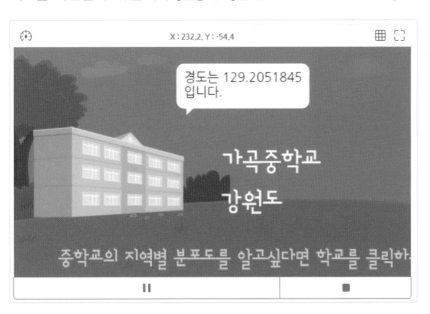

나만의 학교알리미 프로그램을 완성해요!

학교 수를 음성으로 알려 주고 칠판에 판서함으로써 보다 알아보기 쉽게 학교 정보를 제공하는
학교알리미 프로그램을 만들어 봅시다.

★ 참고하세요 ★

다음 작품을 참고해 나만의 학교알리미 프로그램을
만들어 보세요!

http://naver.me/xgeTd4ey

학교알리미 서비스를 아시나요?

학교알리미(https://www.schoolinfo.go.kr) 서비스란? 초중등학교 정보공시제를 기반으로 하여 교육부에서 정한 공시 기준에 따라 매년 1회 이상 학교알리미에 학교에 대한 정보를 제공하고 있습니다. 전국에 있는 학교의 각종 현황들에 대한 데이터라고 볼 수 있지요. 학생현황, 교원현황, 교육활동, 교육여건, 예결산 현황, 학업성취도 총 6개의 공시항목을 가지고 있으며 재학 학생은 얼마나 되는지, 전출입 및 학업중단 학생 수는 얼마이고, 학교폭력은 한 해에 몇 건이나 발생하는지에 대한 데이터까지도 확인할 수 있습니다. 또, 엔트리 데이터에서 보았던 각 학교의 위치 정보는 물론 급식 현황, 교복 구매 유형 및 단가까지 학생이나 학부모가 궁금해할 만한 각종 데이터를 손쉽게 찾을 수 있습니다. 이는 학교에 대한 주요 정보를 객관적이고 투명하게 공개함으로써 국민의 알권리를 보장하고, 학교 교육 실태를 정확하게 파악하기 위함이지요.

공공데이터포털에서는 전국 또는 특정 지역의 학교가 몇 개인지, 학교 주소, 연락처, 현황 등 학교와 관련된 전반적인 데이터를 다루고 있다면, 학교알리미에서는 특정 학교에 대한 구체적인 데이터를 다루고 있다고 볼 수 있습니다. 데이터를 활용한 프로그래밍을 하기 위해서는 자신이 만들고자 하는 프로그램에 꼭 필요한 데이터를 수집해야 합니다. 원하는 데이터를 수집하기 어렵거나 잘못된 데이터를 수집한다면 만들고자 하는 프로그램을 완성하기 어렵지요. 엔트리에서 현재 제공하고 있는 데이터는 자신이 만들고 싶어 하는 프로그램에 최적화된 데이터가 아닐 수 있습니다. 따라서 원하는 데이터를 직접 수집하고 가공하여 프로그램을 만들 때 활용할 수 있는 역량이 필요합니다. 공공데이터포털, 학교알리미와 같은 데이터 포털을 활용해 나만의 멋진 데이터 활용 프로그램을 만들어 보면 어떨까요?

이미지 출처 : 학교알리미(https://www.schoolinfo.go.kr)

✦ 블록 코딩으로 쉽게 배우는 인공지능 ✦

인공지능,
엔트리를 만나다

1판 1쇄 발행 2020년 10월 5일
1판 3쇄 발행 2022년 6월 15일

저   자 | 홍지연
발 행 인 | 김길수
발 행 처 | ㈜영진닷컴
주   소 | ㈜08507 서울 금천구 가산디지털1로 128
             STX-V타워 4층 401호
등   록 | 2007. 4. 27. 제16-4189호

©2020, 2022 ㈜영진닷컴

ISBN | 978-89-314-6324-8

YoungJin.com **Y.**
영진닷컴

영진닷컴 SW 교육

영진닷컴은 초·중학생들이 SW 교육을 쉽게 배울 수 있도록 언플러그드, EPL, 피지컬 컴퓨팅 등 다양한 도서를 구성하고 있습니다. 단계별 따라하기 방식으로 재미있게 설명하고, 교재로 활용할 수 있도록 강의안과 동영상을 제공합니다.

**인공지능,
언플러그드를 만나다**

홍지연 저

202쪽 | 16,000원

**인공지능,
스크래치를 만나다**

홍지연 저

152쪽 | 14,000원

**언플러그드 놀이
코딩 보드게임**

홍지연, 홍장우 공저

172쪽 | 15,000원

**언플러그드 놀이
교과 보드게임**

홍지연, 홍장우 공저

194쪽 | 15,000원

**스크래치야!
과학이랑 놀자 3.0**

김미의, 김현정, 이미향 공저

200쪽 | 12,000원

코딩프렌즈와 함께 하는
엔트리 게임 챌린지

지란지교에듀랩 저

216쪽 | 13,000원

**즐거운 메이커
놀이 활동 언플러그드**

홍지연 저

112쪽 | 12,000원

**즐거운 메이커
놀이 활동 마이크로비트**

홍지연 저

112쪽 | 12,000원

**메이크코드로 만드는
마인크래프트 테마파크**

에이럭스 교육연구소 저

256쪽 | 16,000원

알버트 AI로봇과 함께하는
즐거운 엔트리 코딩 카드 코딩

홍지연 저

168쪽 | 15,000원

**아두이노,
상상을 현실로 만드는
프로젝트 입문편**

이준혁, 최재규 공저

296쪽 | 18,000원

**마이크로비트,
상상을 현실로 만드는
프로젝트 입문편**

이준혁 저

304쪽 | 18,000원